KB243764

시험에 꼭 나오는

수능영단어

1400

수험생 여러분,

영어를 배우는 데 있어서 '1000'이란 중요한 의미가 있는 숫자입니다. 영어를 배우는 학생들은 1000단어 정도를 외운 시점에서부터 고민덩어리였던 영어가 정말 재미있어지기 때문입니다.

영어에 자신이 없는 학생들은 '좀더 많은 영단어를 알고 있다면 영어를 잘할 수 있을 텐데' 하면서도 정작 영단어를 외우려면 금세 잊어버리는 경우가 많습니다.

대신, 영어를 잘하는 학생들에게는 나름대로 영단어를 외우는 방식이 있습니다.

영단어를 얼마나 많이 알고 있느냐' 하는 것은 수능영어 시험을 준비하는 고등학생들에게 특히 중요한 관건입니다. 또한 얼마나 정확히 알고 있느냐 하는 것도 시험 점수를 높이는 데, 또 앞으로 영어 실력을 향상시키는 데 큰 도움을 줍니다.

수능영어영역의 출제 방향과 범위를 5가지로 분석할 수 있습니다.

1. 읽기 문항 : 배경지식 및 글의 단서를 활용하여 의미를 이해하는 상호 작용적 독해 능력을 측정합니다.
2. 쓰기 문항 : 글의 내용을 요약하는 능력이나 문단을 구성할 수 있는 능력을 측정합니다.
3. 듣기 문항 : 원어민의 대화, 담화를 듣고 이해하는 능력을 측정합니다.

4. 말하기 문항 : 적절한 의사소통 기능을 적용하여 이를 완성하는 능력을 측정합니다.

5. 기타 문항 : 영어 사용의 유창성 뿐 아니라 정확성을 강조한 어휘 및 어법 문항도 출제됩니다.

『시험에 꼭 나오는 수능 영단어 1400』은 이 책을 가지고 공부하는 모든 학생들을 영어 우등생으로 만들어 줄 것입니다. 이 책은 수능영어 시험에 자주 나오는 영단어들을 면밀하게 조사하여 수능영어 시험을 준비하는 고등학생이라면 꼭 알아두어야 하는 1400단어를 엄선하여 수록했습니다. 2~4개의 단어로 1개의 예문을 구성하였으므로, 이 책을 읽어나가는 학생들은 비교적 쉬운 630여 개의 영문을 읽어나가면서 가장 효과적으로 수능영어 시험의 기본 영단어 1400개를 익힐 수 있을 것으로 확신합니다.

그리고, 이 책을 다 읽은 학생들은 『시험에 꼭 나오는 수능 영단어 2000』도 공부해서 수능영어 시험에서 보다 높은 점수를 얻을 수 있기를 바랍니다.

2005 저 자

CONTENTS

수능의 강자
수능영단어
1400

차례

PART 1

Essential Words 88

반드시 알아야 할

기·초·단·어·88

중학교에서 이미 익혔지만 반드시
알아야 할 기초 단어 88개

동사 42단어

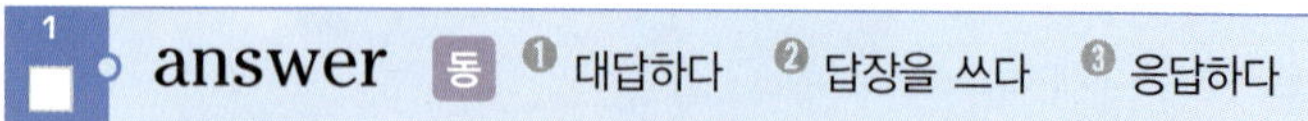

[ǽnsər]

- He didn't answer my question.
  그는 나의 질문에 대답하지 않았다.
- Did you answer her letter?
  그녀의 편지에 답장을 썼어?
- Please answer the telephone.
  제발 전화받아.

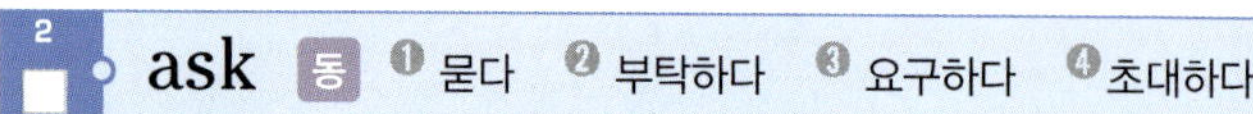

[æsk]

- May I ask you a few questions?
  두세 가지 질문해도 될까?
- We'll ask him.
  그에게 부탁할 거야.
- The girl asked me for one dollar for the flower.
  그 소녀는 그 꽃값으로 1달러를 요구했다.
- We asked the little boy to come to lunch.
  우리는 그 작은 소년을 점심식사에 초대했다.

[breik]

- The runner may break the world record.
  그 주자는 세계기록을 깰지도 모른다.
- Would you please break this ten-dollar bill?
  이 10달러짜리 지폐를 잔돈으로 바꿔 주겠니?
- Do you want to break for lunch?
  점심할래?
- Ben broke the bad news to his family.
  벤은 그 나쁜 소식을 가족에게 털어놨다.

4 **bring** 동 ❶ 가져오다 ❷ 데려오다 ❸ 데려가다 ❹ 초래하다

[briŋ]

- Mother brought him to my room.
  어머니가 그를 내 방에 데리고 왔다.
- A few minutes' walk brought me to the hotel.
  몇 분 걸었더니 호텔에 도착했다.
- A week's rest will bring you health.
  일주일 간 휴양하면 건강해질 거야.

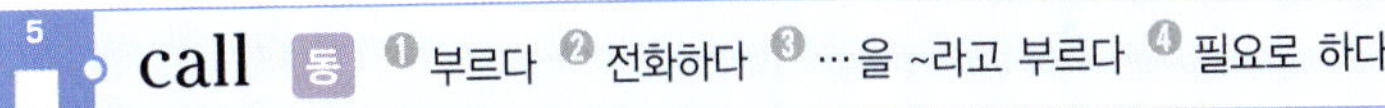

5 **call** 동 ❶ 부르다 ❷ 전화하다 ❸ …을 ~라고 부르다 ❹ 필요로 하다

[kɔːl]

- Call me (up) tomorrow.
  내일 전화줘.
- They called their baby Tom.
  그들은 아기를 톰이라고 불렀다.
- The job calls for a lot of money.
  그 일은 많은 돈을 필요로 한다.

6 **catch** 동 ❶ 붙잡다 ❷ 감기들다 ❸ 이해하다 ❹ 걸리다

[kætʃ]

- He caught a bad cold.
  그는 독감에 걸렸다.
- Did you catch his words?
  그의 말을 이해했니?
- My scarf was caught on the tree.
  스카프가 나무에 걸렸다.

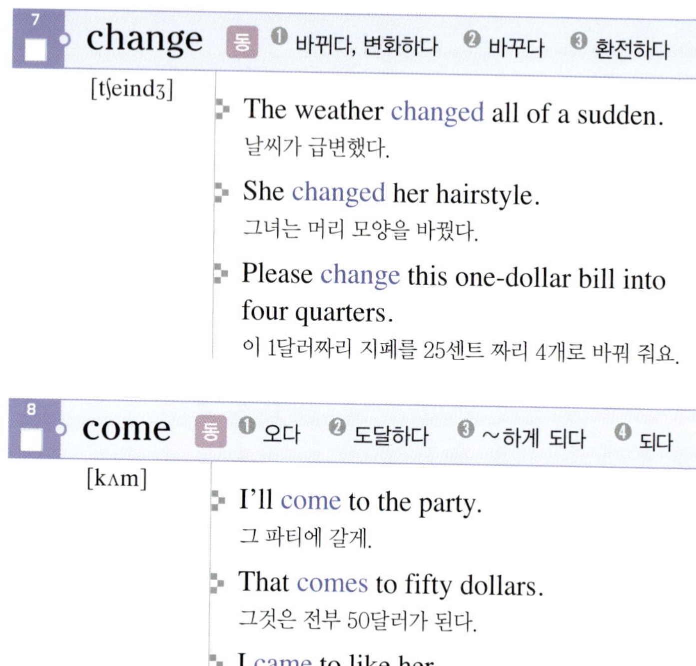

7 **change** 동 ❶ 바뀌다, 변화하다 ❷ 바꾸다 ❸ 환전하다

[tʃeindʒ]

- The weather changed all of a sudden.
  날씨가 급변했다.
- She changed her hairstyle.
  그녀는 머리 모양을 바꿨다.
- Please change this one-dollar bill into four quarters.
  이 1달러짜리 지폐를 25센트 짜리 4개로 바꿔 줘요.

8 **come** 동 ❶ 오다 ❷ 도달하다 ❸ ~하게 되다 ❹ 되다

[kʌm]

- I'll come to the party.
  그 파티에 갈게.
- That comes to fifty dollars.
  그것은 전부 50달러가 된다.
- I came to like her.
  나는 그녀가 좋아졌다.
- The door came open quietly.
  문이 조용히 열렸다.

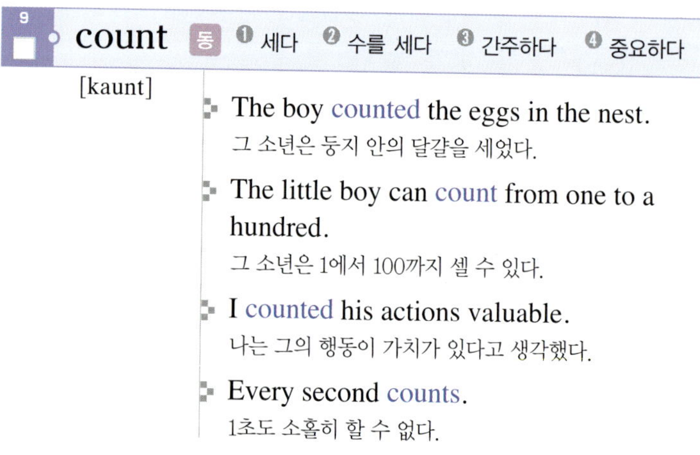

9 **count** 동 ❶ 세다 ❷ 수를 세다 ❸ 간주하다 ❹ 중요하다

[kaunt]

- The boy counted the eggs in the nest.
  그 소년은 둥지 안의 달걀을 세었다.
- The little boy can count from one to a hundred.
  그 소년은 1에서 100까지 셀 수 있다.
- I counted his actions valuable.
  나는 그의 행동이 가치가 있다고 생각했다.
- Every second counts.
  1초도 소홀히 할 수 없다.

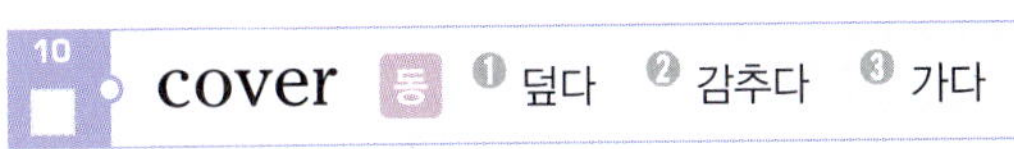

10 **cover** 동 ❶ 덮다 ❷ 감추다 ❸ 가다 ❹ 다루다

[kʌ́vər]

- He laughed to cover his sadness.
  그는 웃으며 슬픔을 애써 감췄다.
- How many miles can you cover on foot in a day?
  너는 하루에 몇 마일을 걸을 수 있니?
- The book covers the whole American history.
  이 책은 미국 역사 전체를 다루고 있다.

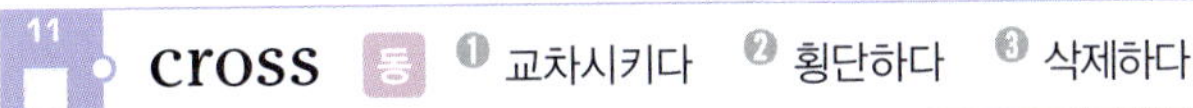

11 **cross** 동 ❶ 교차시키다 ❷ 횡단하다 ❸ 삭제하다

[krɔːs]

- He crossed his arms.
  그는 팔장을 꼈다.
- Let's cross the street.
  길을 건너자.
- I crossed his name off the list.
  나는 그의 이름을 명단에서 삭제했다.

12 **cut** 동 ❶ 자르다 ❷ 잘리다 ❸ 줄이다 ❹ 빼먹다

[kʌt]

- This knife cuts well.
  이 칼은 잘 든다.
- I need to cut my living expenses.
  내 생활비를 줄일 필요가 있다.
- Tom cut English class again.
  톰은 영어수업을 또 빼먹었다.

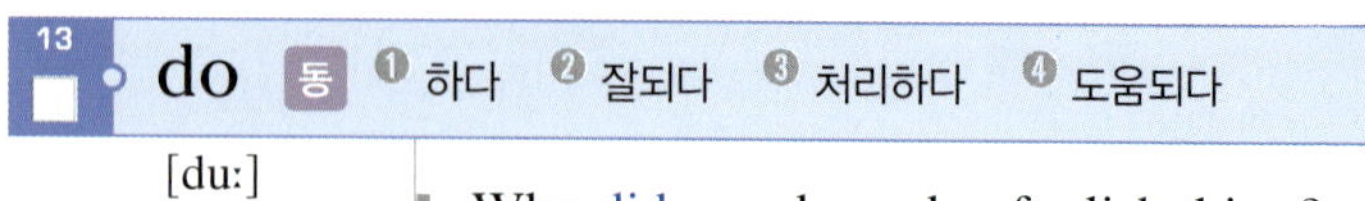

13 do 동 ❶ 하다 ❷ 잘되다 ❸ 처리하다 ❹ 도움되다

[duː]

- Why did you do such a foolish thing?
  왜 그런 바보같은 일을 했니?
- His company is not doing well.
  그의 회사는 잘되고 있지 않다.
- Would you do the dishes?
  접시를 씻어 주겠니?
- This tool won't do.
  이 도구는 도움이 되지 않는다.

14 drop 동 ❶ 떨어뜨리다 ❷ 떨어지다 ❸ 내리다 ❹ 쇠퇴하다

[drɑp]

- You could hear a pin drop.
  너는 핀 하나 떨어지는 소리도 들을 수 있을 것이다.
- Please drop me at the library.
  도서관에서 날 내려 줘.
- The wind dropped suddenly.
  갑자기 바람이 약해졌다.

15 fall 동 ❶ 떨어지다 ❷ 구르다 ❸ 내리다 ❹ (~한 상태가)되다

[fɔːl]

- The snow was falling fast.
  눈이 끊임없이 내리고 있었다.
- Be careful not to fall down on the ice.
  얼음 위에서 구르지 않도록 조심해.
- The wind fell during the night.
  밤 사이에 바람이 잠잠해졌다.
- He fell asleep soon after eating.
  그는 먹고 나자 바로 잠들었다.

16 **file** 동 ❶ 철하다 ❷ 줄질하다 ❸ 명 (서류·신문 등의)철

[fail]

- We file the records in alphabetical order.
  우리는 그 기록을 알파벳 순으로 정리하고 있다.
- File the surface smooth.
  표면이 부드러워지도록 줄질해라.
- Here's the file on the meeting.
  그 회의에 관한 파일은 여기 있다.

17 **fire** 동 ❶ 발사하다 ❷ 해고하다 ❸ 명 모닥불 ❹ 명 화재

[faiər]

- Work harder, or you'll be fired.
  열심히 일해라, 그렇지 않으면 해고될 것이다.
- The old man slept, sitting by the fire.
  그 노인은 화로 곁에 앉아서 잠들었다.
- Last night there was a fire near here.
  어젯밤 이 근처에서 화재가 있었다.

18 **get** 동 ❶ 얻다 ❷ 받다 ❸ 하다 ❹ …을 ~시키다

[get]

- Did you get a good score on the exam?
  시험에서 좋은 점수를 얻었어?
- Could I get your answer by this weekend?
  이번 주말까지 너의 답장을 받을 수 있을까?
- I want to get the matter cleared.
  그 문제를 확실히 하고 싶다.
- Get the work finished by evening.
  저녁까지 그 일을 끝내 버려라.

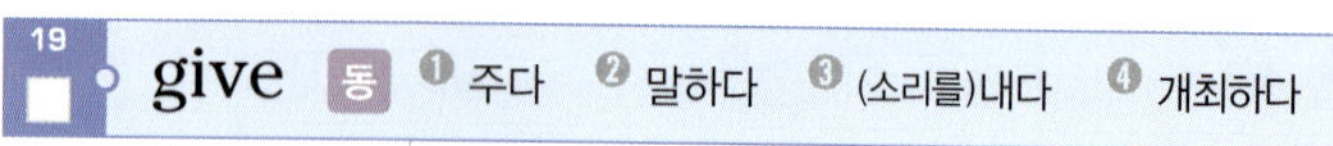

19 **give** 동 ❶ 주다 ❷ 말하다 ❸ (소리를)내다 ❹ 개최하다

[giv]

- He gave no answer.
  그는 답을 주지 않았다.
- She suddenly gave a cry.
  그녀는 갑자기 비명을 질렀다.
- We'll give a dinner tonight.
  우리는 오늘밤 저녁 만찬을 연다.

20 **go** 동 ❶ 가다 ❷ 되다 ❸ 항상 (어떤 상태)이다 ❹ …으로 진행하다

[gou]

- I went straight home that night.
  나는 그날 밤에 곧장 귀가했다.
- My father went red with anger.
  아버지는 분노로 상기되었다.
- Everyone went hungry during the war.
  전쟁중에는 모든 사람이 항상 배가 고픈 상태였다.
- My youth is gone.
  내 청춘은 사라졌다.
- How's everything going?
  어떻게 지내니?

21 **handle** 동 ❶ 손을 대다 ❷ 사용하다 ❸ 다루다 ❹ 명 손잡이

[hǽndl]

- Can you handle the job?
  그 일을 처리할 수 있니?
- She handles her husband well.
  그녀는 남편을 잘 다룬다.
- The frying pan needs a new handle.
  그 프라이팬에는 새로운 손잡이가 필요하다.

22 **hold** 동 ❶ 억제하다 ❷ 효력이 있다 ❸ 개최하다 ❹ (어떤 상태를) 계속하다

[hould]

- Hold your breath for a little while.
  잠깐 동안 숨을 참아라.
- The theory still holds.
  그 이론은 여전히 통한다.
- Where will the next Olympic Games be held?
  다음 올림픽은 어디에서 개최되니?
- How long will this sunny weather hold?
  이 화창한 날씨는 얼마나 오래 계속될까?

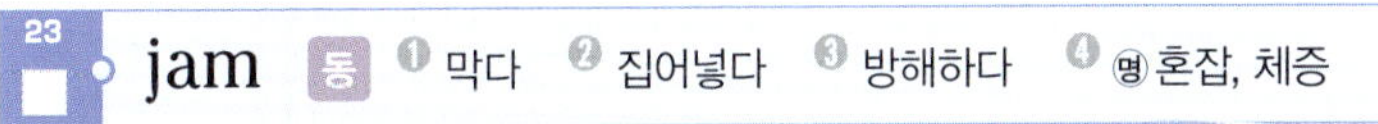
23 **jam** 동 ❶ 막다 ❷ 집어넣다 ❸ 방해하다 ❹ 명 혼잡, 체증

[dʒæm]

- The bus was jammed with commuters.
  버스는 통근객으로 만원이었다.
- The boy jammed his dirty handkerchief into his pocket.
  그 소년은 더러운 손수건을 주머니에 집어넣었다.
- The traffic jam delayed his arrival.
  교통 체증으로 그의 도착이 늦어졌다.

24 **keep** 동 ❶ 지키다 ❷ 보존하다 ❸ (어떤 상태를) 유지하다 ❹ 부양하다

[kiːp]

- He kept the secret all his life.
  그는 그 비밀을 평생토록 지켰다.
- Keep your money in a safe place.
  돈은 안전한 곳에 보관해라.
- This coat will keep you warm.
  이 코트를 입으면 따뜻해질 거야.
- He has a large family to keep.
  그에게는 부양해야 할 가족이 많다.

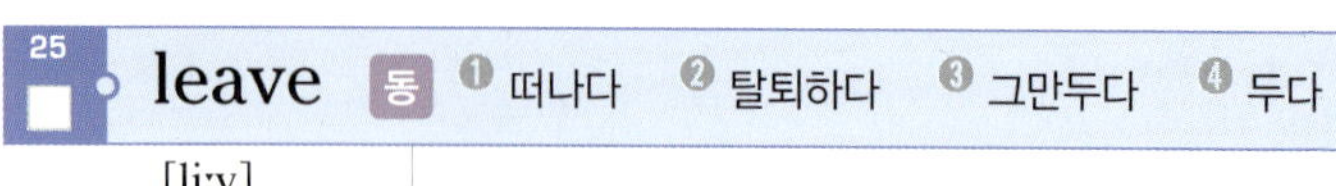

[liːv]

- The cold didn't leave me for weeks.
  감기가 몇 주일 동안 떨어지지 않았다.
- He left the Rotary Club.
  그는 로터리 클럽을 탈퇴했다.
- You can leave the window open.
  창문을 열어 둬도 좋다.

[luk]

- I looked at the old woman.
  나는 그 노부인을 봤다.
- She looks older than she really is.
  그녀는 실제 나이보다 늙어 보인다.
- My room looks to the east.
  내 방은 동향이다.

[meik]

- She will make a good teacher.
  그녀는 좋은 선생님이 될 것이다.
- Tom made only one mistake on the exam.
  톰은 시험에서 단 한 문제를 실수했다.
- One has to make money in order to live.
  사람은 살기 위해서 돈을 벌어야 한다.

28 meet 동 ❶ 만나다 ❷ 마중나가다 ❸ 개최되다 ❹ 충족시키다

[mi:t]

- I'll meet you at the airport.
  공항에 널 마중나갈게.
- The Congress is meeting next week.
  의회는 다음주에 개최된다.
- We cannot meet the wishes of all the students.
  모든 학생의 희망을 충족시킬 수는 없다.

29 miss 동 ❶ 그리워하다 ❷ 놓치다 ❸ 피하다 ❹ 이해할 수 없다

[mis]

- I miss you.
  나는 네가 그리워.
- John missed the last train.
  존은 마지막 열차를 놓쳤다.
- Fortunately, she missed the accident.
  다행히 그녀는 사고에 휘말리지 않았다.
- I missed the point of his joke.
  나는 그의 농담의 요지를 알 수 없었다.

30 pass 동 ❶ 통과하다 ❷ 지나가다 ❸ 합격하다 ❹ 양도하다

[pæs]

- The road passes around the bay.
  그 도로는 항만 주위를 통과한다.
- Five years have passed since I came here.
  내가 이곳에 온 후로 5년이 지났다.
- James finally passed the examination.
  제임스는 결국 시험에 합격했다.
- Will you pass (me) the salt?
  소금 좀 건네줄래?

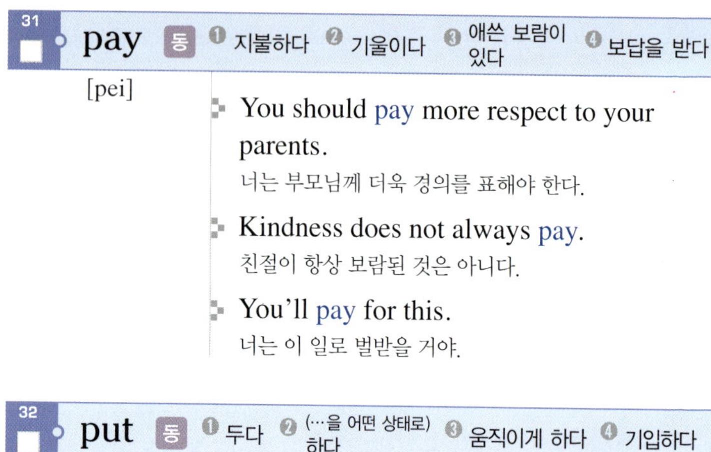

31 **pay** 동 ❶ 지불하다 ❷ 기울이다 ❸ 애쓴 보람이 있다 ❹ 보답을 받다

[pei]

- You should **pay** more respect to your parents.
  너는 부모님께 더욱 경의를 표해야 한다.
- Kindness does not always **pay**.
  친절이 항상 보람된 것은 아니다.
- You'll **pay** for this.
  너는 이 일로 벌받을 거야.

32 **put** 동 ❶ 두다 ❷ (…을 어떤 상태로) 하다 ❸ 움직이게 하다 ❹ 기입하다

[put]

- **Put** your room in order.
  방을 정돈해라.
- They **put** the sailboat back to the port.
  그들은 범선을 항구로 돌려보냈다.
- **Put** your name here.
  여기에 네 이름을 기입해.

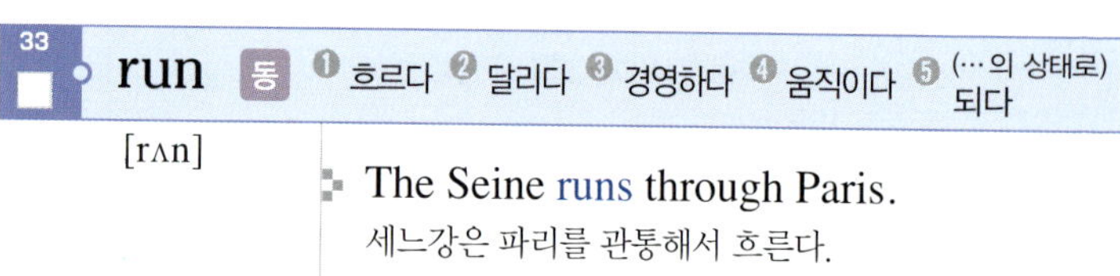

33 **run** 동 ❶ 흐르다 ❷ 달리다 ❸ 경영하다 ❹ 움직이다 ❺ (…의 상태로) 되다

[rʌn]

- The Seine **runs** through Paris.
  세느강은 파리를 관통해서 흐른다.
- He **runs** a hotel in New York.
  그는 뉴욕에서 호텔을 경영한다.
- I left the engine **running** while I went into the shop.
  나는 가게에 들어가 있는 동안 엔진을 걸어둔 채로 뒀다.
- The well **ran** dry last year.
  작년에 그 우물은 말라 버렸다.

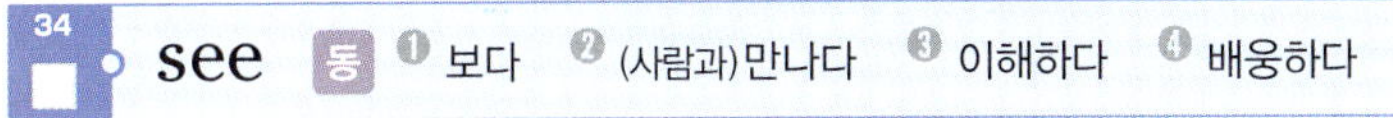

34 see 동 ❶ 보다 ❷ (사람과)만나다 ❸ 이해하다 ❹ 배웅하다

[siː]

- He is **seeing** much of May these days.
  그는 최근에 자주 메이를 만나고 있다.
- I can't **see** why she did such a thing.
  나는 그녀가 왜 그런 일을 했는지 이해할 수 없다.
- I **saw** Kate home.
  나는 케이트를 집까지 바래다줬다.

35 set 동 ❶ (정돈된 상태로) 만들다 ❷ (해·달이) 지다 ❸ (시간 등을) 정하다 ❹ 수립하다

[set]

- Is everything **set** for the meeting?
  회의 준비는 다됐나?
- The sun **sets** in the west.
  태양은 서쪽으로 진다.
- Carl Lewis **set** a world record in the 100 meters.
  칼 루이스는 100m에서 세계 신기록을 수립했다.

36 stand 동 ❶ 서다 ❷ 기대어 세워 놓다 ❸ 참다 ❹ (어떤 상태에) 있다

[stænd]

- Since it **stands** on the hill, the hotel commands a fine view.
  언덕 위에 세워져 있어서 그 호텔은 전망이 좋다.
- He **stood** the mirror against the wall.
  그는 그 벽에 거울을 기대어 세워 놓았다.
- I cannot **stand** smokers.
  나는 담배피우는 사람들을 용납할 수 없다.
- This is how it **stands**.
  이런 연유다.

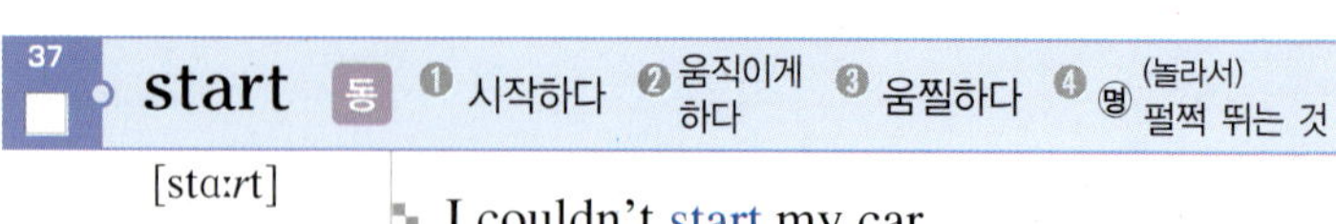

37 **start** 동 ❶ 시작하다 ❷ 움직이게 하다 ❸ 움찔하다 ❹ 명 (놀라서) 펄쩍 뛰는 것

[stɑ:rt]

- I couldn't start my car.
  내차를 움직일 수 없었다.
- I started at the noise.
  그 소리에 움찔했다.
- He always gives me a start with his loud voice.
  그는 항상 큰 소리로 나를 깜짝 놀라게 한다.

38 **take** 동 ❶ (사람을) 데려가다 ❷ (탈 것에) 타다 ❸ (시간·비용이) 들다 ❹ (사진을) 찍다

[teik]

- This road will take you to the coast.
  이 길은 당신을 해안으로 인도할 것이다.
- I took a taxi to the station.
  택시를 타고 역까지 갔다.
- It took me hours to make today's dinner.
  오늘 저녁을 만드는 데 몇 시간이나 걸렸다.
- Let me take your picture.
  네 사진을 찍게 해줘.

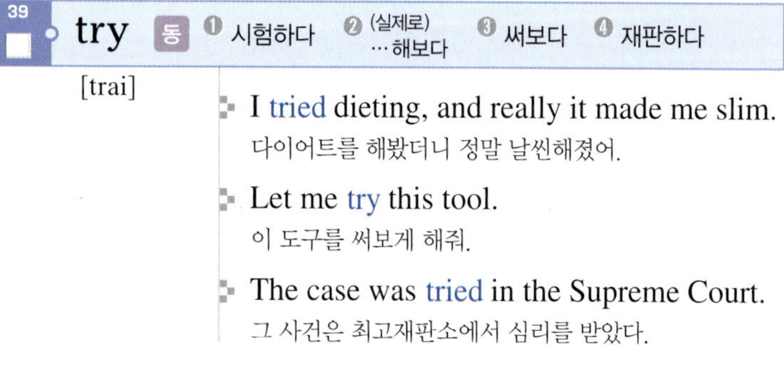

39 **try** 동 ❶ 시험하다 ❷ (실제로) …해보다 ❸ 써보다 ❹ 재판하다

[trai]

- I tried dieting, and really it made me slim.
  다이어트를 해봤더니 정말 날씬해졌어.
- Let me try this tool.
  이 도구를 써보게 해줘.
- The case was tried in the Supreme Court.
  그 사건은 최고재판소에서 심리를 받았다.

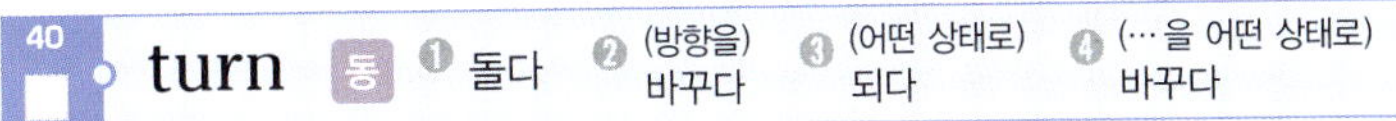

40 **turn** 동 ❶ 돌다 ❷ (방향을) 바꾸다 ❸ (어떤 상태로) 되다 ❹ (…을 어떤 상태로) 바꾸다

[tə:rn]

- She **turned** to me and waved.
  그녀는 내쪽으로 돌아서 손을 흔들었다.
- Her face **turned** pale.
  그녀의 얼굴은 창백해졌다.
- The cold **turned** the water into ice.
  추위가 물을 얼음으로 변화시켰다.

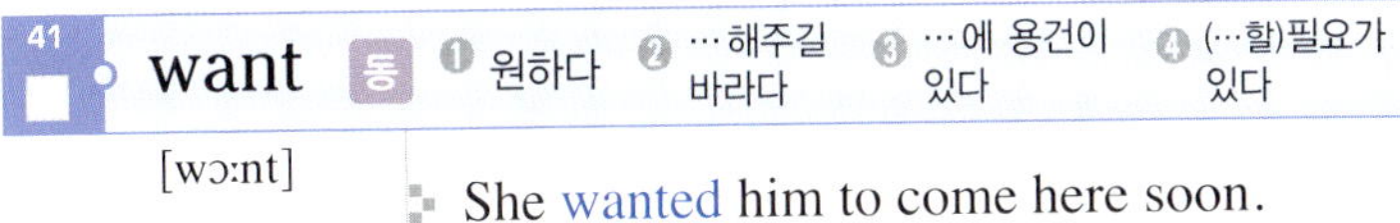

41 **want** 동 ❶ 원하다 ❷ …해주길 바라다 ❸ …에 용건이 있다 ❹ (…할)필요가 있다

[wɔ:nt]

- She **wanted** him to come here soon.
  그녀는 그가 곧장 와주길 바랬다.
- Call me whenever you **want** me.
  용건이 있을 때에는 언제라도 전화줘.
- Your shoes **want** shining.
  네 구두는 닦을 필요가 있다.

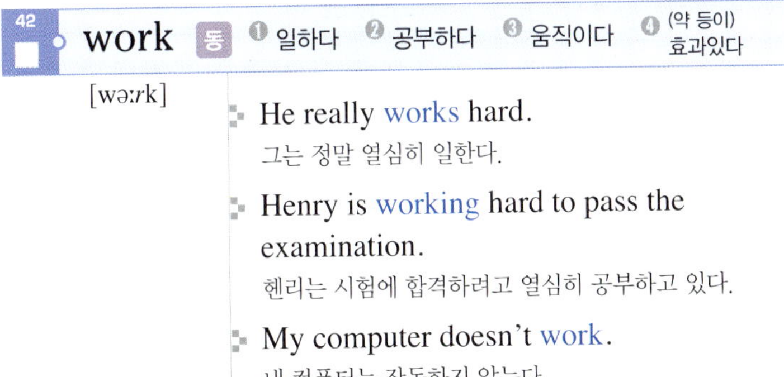

42 **work** 동 ❶ 일하다 ❷ 공부하다 ❸ 움직이다 ❹ (약 등이) 효과있다

[wə:rk]

- He really **works** hard.
  그는 정말 열심히 일한다.
- Henry is **working** hard to pass the examination.
  헨리는 시험에 합격하려고 열심히 공부하고 있다.
- My computer doesn't **work**.
  내 컴퓨터는 작동하지 않는다.
- These pills will **work** for headache.
  이 약은 두통에 잘 들을 것이다.

명사 28단어

43 **body** 명 ❶ 몸, 육체 ❷ 몸통 ❸ 유체 ❹ 단체

[bádi]

- One can build a healthy body with exercise.
  건강한 몸은 운동으로 만들어진다.
- Tom has a long body and short legs.
  톰은 몸통은 길고 다리는 짧다.
- Where did you find the body?
  어디에서 사체를 발견했나?
- The student body met in the hall.
  전 학생은 홀에 모였다.

44 **break** 명 ❶ 휴식 ❷ 중단 ❸ 파손, 골절

[breik]

- Shall we take a break now?
  지금 잠시 휴식시간을 갖지 않을래?
- The snow kept falling without break.
  눈은 끊임없이 계속 내렸다.
- The doctor found a break in her leg.
  의사는 그녀의 다리가 골절된 것을 발견했다.

45 **business** 명 ❶ 해야 할 일 ❷ 장사 ❸ 본분 ❹ 가게

[bíznis]

- Mind your own business.
  네가 상관할 바가 아냐.
- We did good business last year.
  작년에는 장사가 잘됐어.
- Never forget that your business is to study.
  네 본분은 공부하는 것임을 잊지 마라.
- She opened a business in London last month.
  그녀는 지난 달 런던에서 가게를 열었다.

46 **chance** 명 ❶ 기회 ❷ 우연 ❸ (…할)좋은 기회 ❹ 전망

[tʃæns]

- You shouldn't leave anything to chance.
  어떤 일이든 운에 맡기려고 해서는 안 된다.
- You have a good chance of passing the examination.
  시험에 합격할 좋은 기회야.
- Does he have any chances of winning?
  그가 이길 가망성이 있을까?

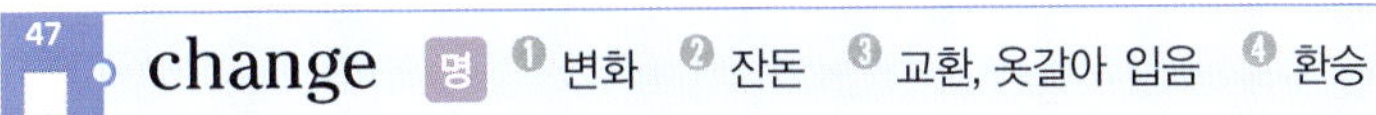

47 **change** 명 ❶ 변화 ❷ 잔돈 ❸ 교환, 옷갈아 입음 ❹ 환승

[tʃeindʒ]

- Here's your change.
  여기 거스름돈이오.
- Bring a change of clothes.
  갈아입을 옷을 가져와라.
- I had to make three changes to get to this station.
  이 역까지 오는 데 세 번 환승해야 했다.

48 **chicken** 명 ❶ 병아리 ❷ 닭고기 ❸ 겁쟁이

[tʃíkin]

- I feed chickens every morning.
  나는 매일 아침 병아리에게 먹이를 준다.
- I like chicken better than beef.
  나는 쇠고기보다 닭고기를 좋아한다.
- Don't be such a chicken!
  그렇게 겁쟁이처럼 굴지마.

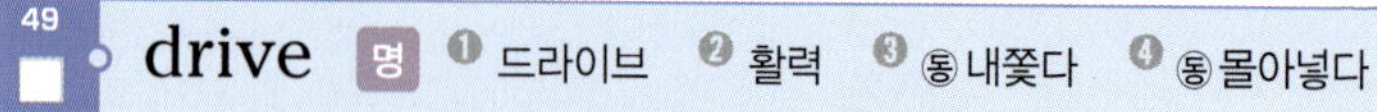

49 drive 명 ❶ 드라이브 ❷ 활력 ❸ ⓢ 내쫓다 ❹ ⓢ 몰아넣다

[draiv]

- Bob is a man of drive.
  밥은 의욕에 찬 남자다.
- Can you drive the dog away?
  그 개를 내쫓을 수 있니?
- You drive me mad.
  넌 날 미치게 해.

50 eye 명 ❶ 눈 ❷ 시력, 시선 ❸ 안목, 관찰력

[ai]

- His eyes fell on the girl on the street.
  그의 시선이 거리에 있는 소녀에게로 쏠렸다.
- He has a good eye for beauty.
  그는 훌륭한 심미안을 갖고 있다.

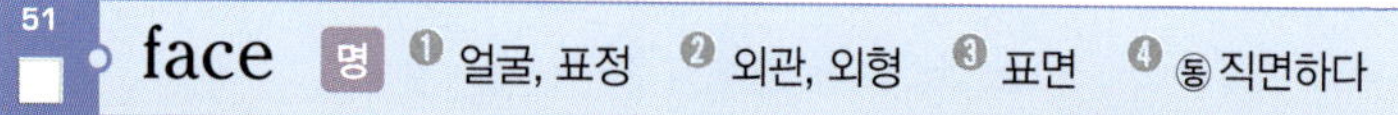

51 face 명 ❶ 얼굴, 표정 ❷ 외관, 외형 ❸ 표면 ❹ ⓢ 직면하다

[feis]

- The face of the town has changed very much.
  마을 풍경은 너무 많이 변했다.
- There are six faces on a cube.
  입방체에는 6개의 면이 있다.
- Be strong and face reality!
  강해져서 현실에 직면해라!

52 **fruit** 명 ❶ 과일, 과실 ❷ 성과, 결과

[fruːt]

- His success is the fruit of his long studies.
  그의 성공은 오랜 연구를 통한 성과이다.

53 **game** 명 ❶ 게임, 유희 ❷ 시합 ❸ 책략, 계략 ❹ 사냥감

[geim]

- We won the game.
  우리는 시합에서 이겼다.
- Don't give the game away.
  그 계획을 누설하지 마라.
- We have much wild game here.
  여기에는 야생 사냥감이 많다.

54 **hand** 명 ❶ 손 ❷ 인력 ❸ 조수 ❹ 지배 ❺ 방향 ❻ 수완

[hænd]

- Give me a hand with carrying this baggage.
  이 짐 옮기는 것을 도와줘.
- I'll leave the matter in your hands.
  그 건은 네 관리에 맡기겠어.
- We can see a beautiful mountain on our right hand.
  오른쪽에 아름다운 산이 보입니다.
- My sister has light hand at driving.
  내 여동생은 운전을 매우 잘한다.

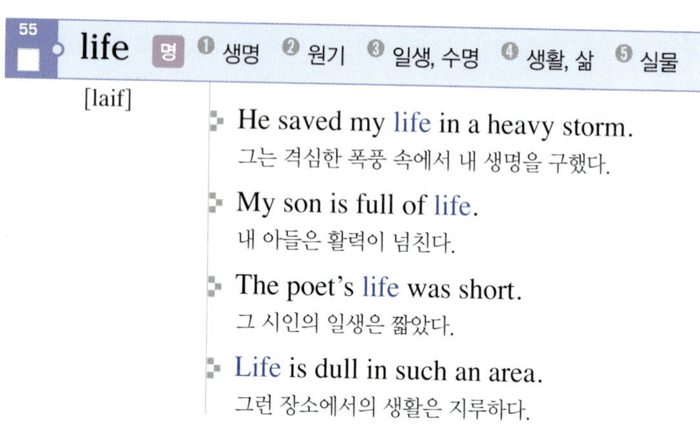

55 **life** 명 ❶ 생명 ❷ 원기 ❸ 일생, 수명 ❹ 생활, 삶 ❺ 실물

[laif]

- He saved my life in a heavy storm.
  그는 격심한 폭풍 속에서 내 생명을 구했다.
- My son is full of life.
  내 아들은 활력이 넘친다.
- The poet's life was short.
  그 시인의 일생은 짧았다.
- Life is dull in such an area.
  그런 장소에서의 생활은 지루하다.

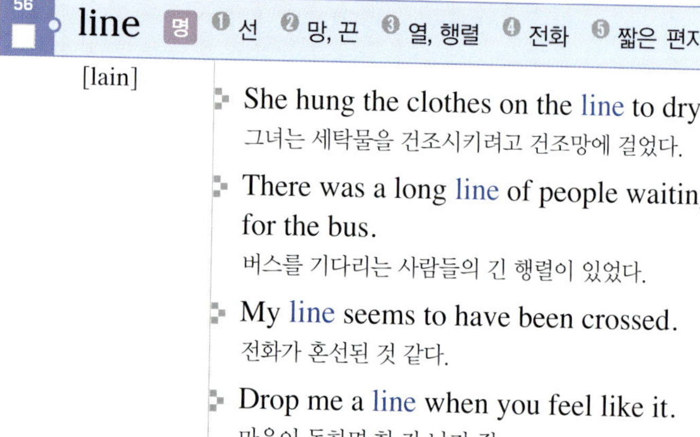

56 **line** 명 ❶ 선 ❷ 망, 끈 ❸ 열, 행렬 ❹ 전화 ❺ 짧은 편지

[lain]

- She hung the clothes on the line to dry.
  그녀는 세탁물을 건조시키려고 건조망에 걸었다.
- There was a long line of people waiting for the bus.
  버스를 기다리는 사람들의 긴 행렬이 있었다.
- My line seems to have been crossed.
  전화가 혼선된 것 같다.
- Drop me a line when you feel like it.
  마음이 동하면 한 자 남겨 줘.

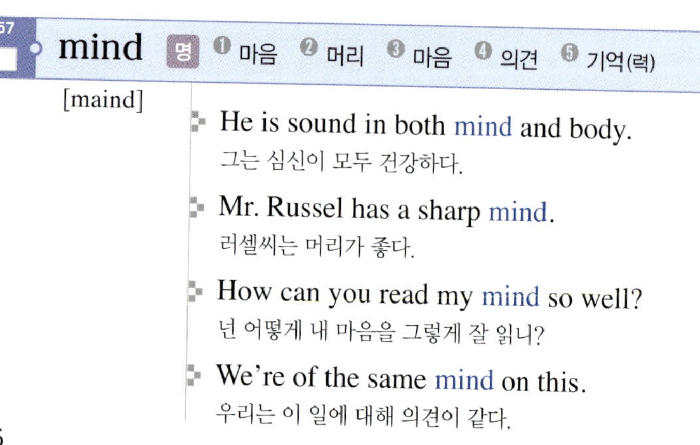

57 **mind** 명 ❶ 마음 ❷ 머리 ❸ 마음 ❹ 의견 ❺ 기억(력)

[maind]

- He is sound in both mind and body.
  그는 심신이 모두 건강하다.
- Mr. Russel has a sharp mind.
  러셀씨는 머리가 좋다.
- How can you read my mind so well?
  넌 어떻게 내 마음을 그렇게 잘 읽니?
- We're of the same mind on this.
  우리는 이 일에 대해 의견이 같다.

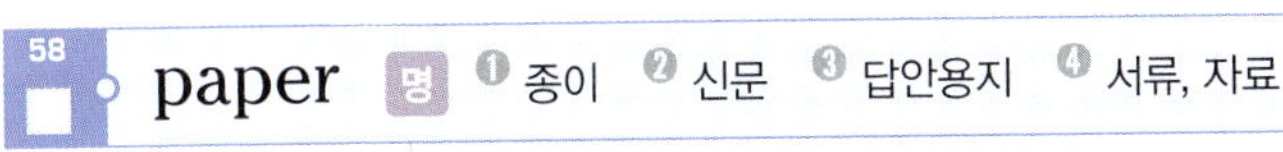

58 **paper** 명 ❶ 종이 ❷ 신문 ❸ 답안용지 ❹ 서류, 자료

[péipər]

- Have you already read today's paper?
  오늘 신문을 벌써 읽었니?
- The math paper was really easy.
  수학시험문제는 정말 쉬웠다.
- I checked the paper my boss handed me.
  나는 상사가 건네준 서류를 체크했다.

59 **party** 명 ❶ 파티, 연회 ❷ 정당 ❸ 일행

[pá:rti]

- Which party will you vote for at the next election?
  다음 선거에서는 어느 정당에 투표할거니?
- A party of school children was invited to the White House.
  학생들 일행이 백악관에 초대받았다.

60 **reason** 명 ❶ 이유, 근거 ❷ 이성, 지성 ❸ 도리, 이치

[rí:zn]

- She had a good reason for doing it.
  그녀가 그렇게 하는 데는 충분한 이유가 있었다.
- Only man has reason.
  단지 인간만에게만 이성이 있다.
- He won't listen to reason.
  그는 도리를 분별하려 하지 않는다.

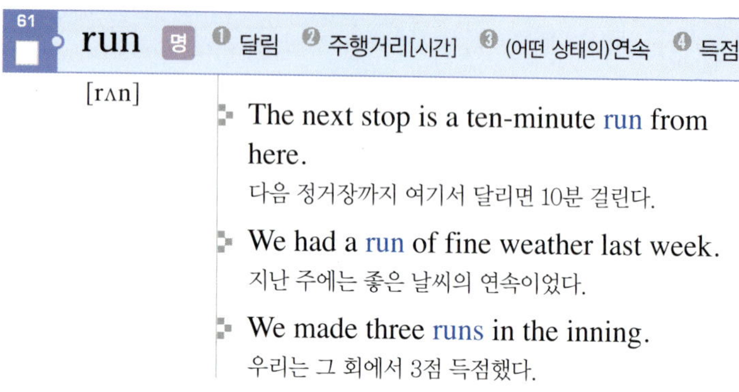

61 **run** 명 ❶ 달림 ❷ 주행거리[시간] ❸ (어떤 상태의)연속 ❹ 득점

[rʌn]

- The next stop is a ten-minute run from here.
  다음 정거장까지 여기서 달리면 10분 걸린다.
- We had a run of fine weather last week.
  지난 주에는 좋은 날씨의 연속이었다.
- We made three runs in the inning.
  우리는 그 회에서 3점 득점했다.

62 **secret** 명 ❶ 비밀 ❷ 비결 ❸ 형 비밀의, 사람 눈에 띄지 않는

[síːkrit]

- Please keep this secret.
  이 비밀을 지켜줘.
- What's the secret of making friends?
  친구 사귀는 비결은 뭡니까?
- I kept my illness secret from my family.
  나는 내 병을 가족들에게 비밀로 해뒀다.

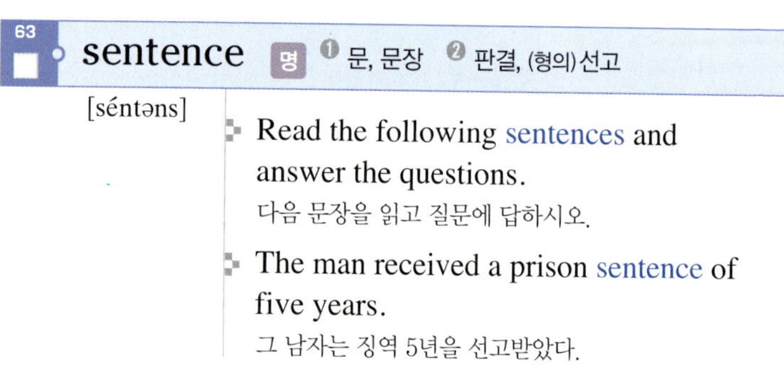

63 **sentence** 명 ❶ 문, 문장 ❷ 판결, (형의)선고

[séntəns]

- Read the following sentences and answer the questions.
  다음 문장을 읽고 질문에 답하시오.
- The man received a prison sentence of five years.
  그 남자는 징역 5년을 선고받았다.

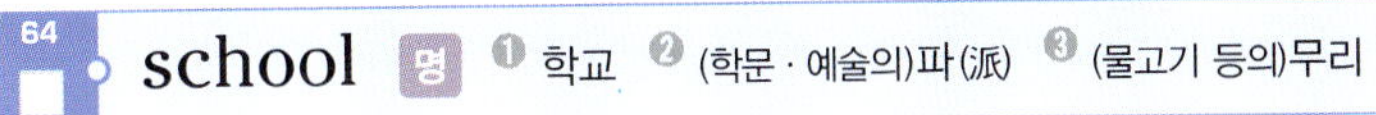

[sku:l]

- My daughter is not old enough for school.
  내 딸은 아직 학교에 갈 나이가 아니다.
- He belongs to a radical school of socialists.
  그는 사회주의자 중에서도 급진파에 속한다.
- Dolphins always swim in schools.
  돌고래는 항상 무리를 지어 헤엄친다.

[sʌ́mθiŋ]

- He may know something.
  그라면 뭔가 알고 있을지도 모른다.
- I know something about movies.
  영화에 관한 거라면 어느 정도 압니다.
- He thinks himself something.
  그는 자신을 뛰어난 인물이라고 생각한다.
- My mother is getting something better.
  어머니는 조금씩 회복되고 있다.

[stɔːr]

- I've got a large store of wine in the cellar.
  지하저장실에는 와인이 가득 비축되어 있다.
- Squirrels store nuts for winter.
  다람쥐는 겨울에 대비해서 나무 열매를 저장한다.

67 **story** 명 ❶ 이야기 ❷ (사건)이야기, 신문기사 ❸ 소문

[stɔ́:ri]

- There is a story in the paper about the scandal.
  신문에 그 스캔들에 관한 기사가 실려 있다.
- The story goes that he proposed to her.
  소문에 따르면 그가 그녀에게 제안했다고 한다.

68 **trouble** 명 ❶ 곤란 ❷ 폐, 성가심, 분쟁 ❸ 고장 ❹ 병

[trʌ́bl]

- It is no trouble to write an answer.
  답장쓰는 일은 전혀 귀찮지 않다.
- The car has got engine trouble.
  그 차는 엔진이 고장났다.
- My father has heart trouble.
  아버지는 심장병이 있다.

69 **turn** 명 ❶ 회전, 도는 것 ❷ 변화 ❸ 순서

[təːrn]

- The wheel turned three turns and stopped.
  바퀴는 3회전하고 멈췄다.
- The girl took a turn for the better.
  그 소녀는 회복되어 갔다.
- It's my turn to pay.
  이번에는 내가 낼 차례야.

70 **will**  ❶ 의지 ❷ 유언, 유언장 ❸ 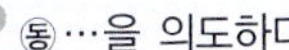 동 …을 의도하다

[wil]

- Where there's a will, there's a way.
  뜻이 있는 곳에 길이 있다.
- Did your father leave a will?
  자네 부친은 유언장을 남겼나?
- God wills that man should be happy.
  신은 인간이 행복하기를 바란다.

71 **busy** 형 ❶ 바쁜 ❷ 통화중의 ❸ 붐비는 ❹ (모양 등이) 어지러운

[bízi]

- I called her, but the line was busy.
  그녀에게 전화했지만 통화중이었다.
- Sorry, I'm late. The traffic was busy.
  늦어서 미안. 차가 밀려서.
- The pattern of this curtain is too busy for this room.
  이 커튼의 모양은 이 방에는 너무 어지럽다.

72 **fine** 형 ❶ 훌륭한 ❷ 화창한 ❸ 가는 ❹ 명 벌금

[fain]

- This picture is really very fine.
  이 그림은 정말 훌륭하다.
- She has long fine hair.
  그녀의 머리카락은 길고 가늘다.
- I have to pay a fine for illegal parking.
  나는 불법주차로 벌금을 내야 한다.

73 **good** 형 ❶ 좋은 ❷ 적당한 ❸ 잘하는 ❹ 즐거운 ❺ 건강에 좋은

[gud]

- Is this mushroom good to eat?
  이 버섯은 먹어도 괜찮니?
- She is good with children.
  그녀는 아이를 잘 다룬다.
- Smoking is not good for your health.
  흡연은 건강에 좋지 않다.

74 **green** 형 ❶ (과일이)덜 익은 ❷ 녹색의, 푸른 ❸ 미경험의

[griːn]

- You shouldn't eat green bananas.
  덜 익은 바나나를 먹어서는 안 된다.
- The boy is still green.
  저 소년은 아직 풋내기다.

75 **hot** 형 ❶ 뜨거운 ❷ 최신의 ❸ 격심한 ❹ 매운

[hɑt]

- This book is hot off the press.
  이 책은 막 인쇄된 것이다.
- They exchanged hot words over politics.
  그들은 정치에 관해 격한 말들을 주고 받았다.
- I like hot spicy foods.
  나는 매운 향료를 넣은 음식을 좋아한다.

76 **late** 형 ❶ 늦은, 지각한 ❷ 최근의, 최신의 ❸ 고인의, 고(故)

[leit]

- I was late for school today.
  오늘 학교에 지각했다.
- This personal computer is a late model.
  이 PC는 최신형이다.
- Her late husband was really a kind man.
  그녀의 죽은 남편은 정말 친절한 사람이었다.

77 **poor** 형 ❶ 부족한, 가난한 ❷ 나쁜 ❸ 불쌍한 ❹ 서툰

[puər]

- His score was very poor.
  그의 성적은 매우 나빴다.
- The poor dog was very thin.
  그 불쌍한 개는 매우 말랐었다.
- He's a poor speaker of English.
  그는 영어를 말하는 것이 서툴다.

78 **red** 형 ❶ 붉은, 적색의 ❷ 명 빨강 ❸ 명 적자

[red]

- She was dressed in red.
  그녀는 빨간 옷을 입고 있었다.
- The company is in the red.
  그 회사는 적자 상태다.

79 **rich** 형 ❶ 부자의 ❷ 넘치는 ❸ 풍부한 ❹ 영양가 높은

[ritʃ]

- Lemons are rich in vitamin C.
  레몬은 비타민 C가 풍부하다.
- We'll have a rich crop this year.
  올해는 풍작일 것이다.
- Rich food can make you fat.
  영양가 높은 음식은 너를 살찌울 수 있다.

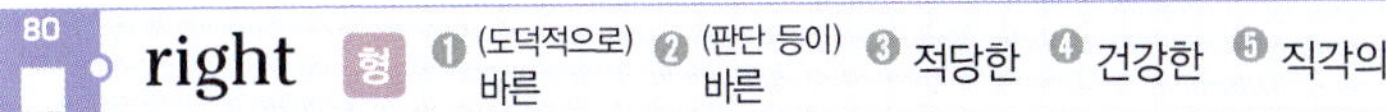

[rait]

- It is not right to tell a lie.
  거짓말하는 것은 옳지 않다.
- She's the right person for the job.
  그녀는 그 일에 적당한 사람이다.
- A week's rest will put you right again.
  일주일 동안 쉬면 다시 건강해질 것이다.
- Draw a right triangle.
  직각삼각형을 그려라.

[ʃɔːrt]

- My father is shorter than I.
  아버지는 나보다 키가 작다.
- The factory is short of hands.
  그 공장은 일손이 부족하다.
- Mary was short with me.
  메어리는 내게 퉁명스러웠다.

[slou]

- My watch is five minutes slow.
  내 시계는 5분 느리다.
- I am slow at numbers.
  나는 수학에 약하다.
- Business was a little slow last year.
  사업은 작년에 약간 불황이었다.

83 **small** 형 ❶ 작은 ❷ (수량이)적은 ❸ 보잘 것 없는, 인색한

[smɔːl]

- There was a small sum of money in the safe.
  그 금고에는 소액의 돈이 있었다.
- He is a man of a small mind.
  그는 속좁은 남자다.

84 **still** 형 ❶ 조용한 ❷ 정지한 ❸ 부 아직 ❹ 부 더욱더

[stil]

- Still waters run deep.
  잔잔한 물이 깊다. (말없는 사람이 생각이 깊다.)
- Hey, stay still while I'm cutting your hair.
  이봐, 머리를 자르고 있을 때는 가만히 있어.
- Tom is tall, but his brother is still taller.
  톰은 키가 크지만 그의 동생은 훨씬 더 크다.

85 **sweet** 형 ❶ 단 ❷ (향기가)좋은 ❸ 듣기 좋은 ❹ 아름다운

[swiːt]

- These roses really smell sweet.
  이 장미는 정말 향기가 좋다.
- She has a sweet voice.
  그녀는 귀여운 음성을 갖고 있다.
- The girl has a sweet temper.
  그 소녀는 마음씨가 곱다.

86 **true** 형 ❶ 사실의 ❷ 성실한 ❸ 정확한 ❹ 해당되는

[truː]

- Is that true?
  그거 정말이니?
- Be true to your word.
  약속은 지켜.
- This wax doll is true to life.
  이 밀랍 인형은 마치 살아 있는 것 같다.
- This fact is also true of you.
  이 사실은 네게도 해당된다.

87 **very** 형 ❶ 바로 그 ❷ 매우 ❸ (부정문에서)그다지 (…하지 않다)

[véri]

- You are the very woman I've been looking for.
  너야말로 내가 찾고 있던 여자야.
- She is very tall.
  그녀는 매우 키가 크다.
- I don't like mathematics very much.
  나는 수학을 그다지 좋아하지 않는다.

88 **wrong** 형 ❶ 틀린 ❷ 고장난 ❸ 부적당한 ❹ 뒤쪽의

[rɔːŋ]

- I took the wrong train.
  나는 열차를 잘못 탔다.
- Nothing is wrong with your health.
  네 건강은 어느 곳도 나쁘지 않다.
- He's the wrong person to be your husband.
  그는 네 남편감으로 부적당한 사람이야.
- He put on his undershirt wrong side out.
  그는 내복을 거꾸로 입었다.

PART 2

Basic Words 1400

가장 많이 출제되는

수·능·기·초·단·어

일상생활 영어에서 자주 쓰이는

기초 단어 496개

001

The **wound** still **hurts**.

그 상처가 아직도 아프다.

1 □	**wound** [wú:nd]	명 상처, 부상 동 다치게 하다, 감정을 상하게 하다 * wounded 형 부상당한
2 □	**hurt** [hə:rt]	동 아프게 하다, 상처를 주다 명 아픔 * hurtful 형 (사람의 마음을)아프게 하는

002

All the **ghost** stories she tells sound **alike**.

그녀가 말하는 유령이야기는 모두 똑같이 들린다.

3 □	**ghost** [goust]	명 유령 * ghostly 형 유령의
4 □	**alike** [əláik]	형 서로 같은 부 똑같이

003

He lives in a very **modern apartment**.

그는 매우 현대적인 아파트에서 살고 있다.

5 □	**modern** [mádərn]	형 현대의, 근대의
6 □	**apartment** [əpá:rtmənt]	명 아파트

004

The accident took place in this manner.

그 사고는 이렇게 일어났다.

7 **accident** [ǽksədənt]
- 명 사고
- << by accident 우연히
- * accidental 형 우발적인

8 **manner** [mǽnər]
- 명 방법, 태도, 《복》 예절, 풍습
- << the manners and customs of our ancestors 우리 조상들의 예절과 풍습

005

This electric car belongs to my uncle.

이 전기자동차는 나의 삼촌 것이다.

9 **electric** [iléktrik]
- 형 전기의
- * electricity 명 전기

10 **belong** [bilɔ́ːŋ]
- 동 …에 속해 있다
- * belongings 명 소유물

006

He is a member of the local orchestra.

그는 현지 오케스트라의 일원이다.

11 **local** [lóukəl]
- 형 지방의, 현지의
- << local color 지방색

12 **orchestra** [ɔ́ːrkəstrə]
- 명 오케스트라
- * a symphony orchestra 교향악단

007

Is the baby awake or asleep?

아기가 깨어 있나요 아니면 잠들어 있나요?

13 □ **awake** [əwéik]
- 형 눈뜨고 있는(⇔asleep 잠이 든)
- 동 깨어나다
- * awaken 눈뜨게 하다

14 □ **asleep** [əslíːp]
- 형 잠이 든(⇔awake 잠이 깬)
- « fall asleep 푹 잠들다
- * sleep 동 잠자다
- * sleeping 명 수면

008

The farmer stepped on a branch.

농부는 나뭇가지를 밟았다.

15 □ **farmer** [fάːrmər]
- 명 농부
- * farm 명 농장
- * farming 명 농업

16 □ **branch** [bræntʃ]
- 명 가지, 지부
- 동 가지가 나오다

009

You can stay calm by taking deep breaths.

숨을 깊이 들이마시면 마음이 차분해진다.

17 □ **calm** [kɑːm]
- 형 고요한, 차분한
- 명 고요, 냉정
- * calmly 부 평온하게
- * calmness 명 평온, 침착

18 □ **breath** [breθ]
- 명 숨, 호흡
- * breathe 동 호흡하다, 숨을 쉬다
- * breathless 형 숨이 찬

010

This dress feels a bit tight around the middle.

이 드레스는 중간 부분이 약간 꽉 조이는 것 같다.

19 □ **tight** [tait]	형 꽉 조이는(⇔loose 헐렁한) « a tight skirt 꽉 조이는 스커트 부 꽉 * tightly 부 단단히
20 □ **middle** [mídl]	명 중간, 중앙, 허리 형 한가운데의, 중간의 ☞ middle 시간이나 공간 등의 중심부 center 선이나 면 등의 중심점 * mid- 형 (파생어 형태)중앙의 * midnight 명 한밤중

011

Everyone knows the tragedy of this nation.

누구나 이 나라의 비극을 알고 있다.

21 □ **tragedy** [trǽdʒədi]	명 비극(⇔comedy 희극) * tragic 형 비극의
22 □ **nation** [néiʃən]	명 나라, 국민 * national 형 국민의, 국가의 * nationality 명 국적

012

Are you familiar with insects of this sort ?

당신은 이런 종류의 곤충에 정통하십니까?

23 □ **familiar** [fəmíljər]
- 형 …을 잘 알고 있는, …에 정통해 있는
  친밀한
- ＊ family 명 가족
- ＊ familiarity 명 잘 알고 있는 것, 친밀

24 □ **insect** [ínsekt]
- 명 곤충
- ☞ bug 곤충의 의미로, 일반적인 벌레를 의미
  worm 연하고 발이 없는 지렁이 따위의 벌레

25 □ **sort** [sɔːrt]
- 명 종류
- « sort of 약간, 다소
- 동 …을 분류하다

013

He injured his shoulder in the game.

그는 경기에서 어깨를 다쳤다.

26 □ **injure** [índʒər]
- 동 다치게 하다
  (감정을) 상하게 하다
- ＊ injury 명 해로움, 손해
- ＊ injurious 형 유해한

27 □ **shoulder** [ʃóuldər]
- 명 어깨
- « a shoulder bag (여성용의) 어깨에 매는 백
- « a shoulder belt (군대) 멜빵, 견대

014

Everyone forgot the incident except me.

누구나 나를 제외하고는 그 사건을 기억하지 않았다.

28 **incident** [ínsədənt]

명 (이상한) 일, 사건
* incidental 형 부수적으로 일어나는, 우연의
* incidentally 부 부수적으로, 우연히

☞ event 특별히 행해지는 일, 행사
accident 우연한 사건
incident 우발[부수]적인 사건

29 **except** [iksépt]

전 …을 제외하고
« except for …이 없으면
* exception 명 예외
* exceptional 형 예외적인

015

Her skill brought her the prize.

그녀는 좋은 솜씨로 상을 타게 되었다.

30 **skill** [skil]

명 기술, 수완
* skillful 형 숙련된, 솜씨좋은
* skilled 형 숙련된

31 **prize** [praiz]

명 상(award), 상품

016

Don't treat me like a slave.

나를 노예처럼 다루지 마라.

32 □ **treat** [triːt]
- 동 다루다
- 명 대접
- * treatment 명 대우

33 □ **slave** [sleiv]
- 명 노예
- * slavery 명 노예제도

017

Don't be rude to the servants.

하인들에게 무례하지 마라.

34 □ **rude** [ruːd]
- 형 무례한(⇔polite 정중한)
- * rudeness 명 무례

35 □ **servant** [sə́ːrvənt]
- 명 하인
- * serve 동 봉사하다
- * service 명 공헌

018

Don't be shy. Take a step forward.

부끄러워하지 말고, 앞으로 한 발짝 나오세요.

36 □ **shy** [ʃai]
- 형 수줍어하는
- * shyly 부 수줍어서

37 □ **forward** [fɔ́ːrwərd]
- 부 전방으로(⇔backward 후방으로)
- 형 전방의
- « look forward to -ing (동)명사 …을 학수고대하다

019

I have no belief in modern civilization.

나는 현대의 문명을 믿지 않는다.

38 □ **belief** [bilíːf]
- 명 신뢰, 신념
- * believe 동 …을 믿다
- « believe in …의 존재를 믿다

39 □ **civilization** [sìvəlizéiʃən]
- 명 문명
- * civilize 동 문명화하다

020

I love to watch adventure stories on the screen.

나는 모험담이 담긴 영화를 보는 것을 좋아한다.

40 □ **adventure** [ədvéntʃər]
- 명 모험
- 동 모험하다

41 □ **screen** [skriːn]
- 명 (영화 따위의) 화면, 영화
- 동 영사하다

021

A huge dog appeared from behind the house.

커다란 개가 집 뒤쪽에서 나왔다.

42 □ **huge** [hjuːdʒ]
- 형 거대한, 커다란
- « a huge plane 거대한 비행기

43 □ **appear** [əpíər]
- 동 나타나다(⇔disappear 사라지다), …처럼 보이다
- * appearance 명 출현, 외모
- * apparent 형 분명한

022

A large crowd gathered to watch the play.

많은 군중이 그 연극을 보기 위해 모여들었다.

44 □ **crowd** [kraud]
- 명 군중
- « in crowds 떼를 지어
- « a crowd of 한 무리의
- 동 떼지어 모이다

45 □ **gather** [gǽðər]
- 동 모이다
- * gathering 명 모임

023

The bird is a symbol of freedom for them.

그 새는 그들에게는 자유의 상징이다.

46 □ **symbol** [símbəl]
- 명 상징, 기호
- * symbolize 동 상징하다

47 □ **freedom** [fríːdəm]
- 명 자유
- * freely 부 자유로이

024

Solve this problem at once.

이 문제를 즉시 풀어 보시오.

48 □ **solve** [sɑlv]
- 동 (문제 따위를) 풀다
- * solution 명 해결

49 □ **problem** [prɑ́bləm]
- 명 문제

025

The ideal solution is for everyone to get a fair share of the prize money.

이상적인 해결책은 모두가 그 상금을 공평하게 나누어 갖는 것이다.

50 □ **ideal** [aidíːəl]
- 형 이상적인
- 명 이상(⇔reality 현실)

51 □ **fair** [fɛər]
- 형 공평한, 꽤 좋은
- 부 공평하게
- * unfair 형 불공평한, 부정한

52 □ **share** [ʃɛər]
- 명 몫, 할당량
- 동 공유하다, 나누다

026

Some people dislike artificial beauty.

어떤 사람들은 인공적인 아름다움을 싫어한다.

53 □ **dislike** [disláik]
- 동 싫어하다(⇔like 좋아하다)
- 명 혐오

54 □ **artificial** [àːrtəfíʃəl]
- 형 인공적인(⇔natural 자연스러운)
- * art 명 예술, 미술
- * artist 명 예술가

55 □ **beauty** [bjúːti]
- 명 아름다움, 미, 미인
- * beautiful 형 아름다운
- * beautifully 부 아름답게

027

You must take **action** as soon as **possible**.

가능한 빨리 행동을 취해야만 한다.

56 □ **action** [ǽkʃən]
- 명 행동, 연기
- * act 동 명 행동(하다), 연기(하다)
- * active 형 적극적인

57 □ **possible** [pásəbl]
- 형 가능한, 그럴듯한(likely, probable)
- « as… as possible 가능한 …한
- * possibly 부 아마도

028

Do you have anything to **add** to his **opinion**?

그의 의견에 덧붙여 말할 것이 있나?

58 □ **add** [æd]
- 동 덧붙이다
- * addition 명 추가
- * additional 형 추가의

59 □ **opinion** [əpínjən]
- 명 의견
- « an opinion poll 여론조사

029

I like **natural** science better than **social** science.

나는 사회과학보다는 자연과학을 더 좋아한다.

60 □ **natural** [nǽtʃərəl]
- 형 자연의, 타고난
- * nature 명 자연
- « by nature 선천적으로
- « in nature 현실적으로

61 □ **social** [sóuʃəl]
- 형 사회의, 사교의
- * society 명 사회, 교제

A high heart ought to bear calamities and not flee them, since in bearing them appears the grandeur of the mind and in fleeing them cowardice of the heart.

숭고한 마음은 고난에 부딪쳤을 때 당당히 극복해 나가되 결코 물러서는 일이 있어서는 안 된다. 왜냐하면 고난을 극복할 때는 훌륭한 정신이 발휘되지만 고난에서 도망치면 소심한 마음이 길러지기 때문이다.

030

Oxygen is one of the natural resources.

산소는 천연자원 중의 하나이다.

62 □ **oxygen** [ɑ́ksidʒən]
- 명 산소
- ☞ hydrogen 수소
- carbon 탄소
- nitrogen 질소

63 □ **resource** [ríːsɔːrs]
- 명 자원

031

There were a couple of pink blossoms among the white.

두어 송이의 분홍색 꽃이 흰꽃 사이에 있었다.

64 □ **couple** [kʌ́pl]
- 명 둘, 한 쌍
- « a couple of… 두서너 개의

65 □ **blossom** [blɑ́səm]
- 명 (과수의) 꽃
- 동 꽃이 피다
- « in blossom 개화하여

032

I prefer to raise flowers from seed.

나는 화초를 씨앗일 때부터 기르는 것을 더 좋아한다.

66 □ **prefer** [prifə́ːr]
- 동 (…보다 더) 좋아하다
- * preference 명 더 좋아하는 것

67 □ **raise** [reiz]
- 동 올리다
- 명 (임금 등의) 인상

68 □ **seed** [siːd]
- 명 씨앗, 원인
- 동 씨뿌리다

033

We exchanged stamps but few of us knew their real worth.

우리는 우표를 교환했지만 그것의 진정한 가치를 아는 사람은 거의 없었다.

69 ☐ **exchange** [ikstʃéindʒ]
- 동 교환하다
- 명 교환
- « in exchange for[of] …와 교환으로

70 ☐ **real** [ríːəl]
- 형 진실의(⇔false 거짓의), 현실의(⇔ideal 이상의)
- 부 정말로, 매우
- * really 부 정말로, 실제로
- * reality 명 현실(성)
- « in reality 실제로
- * realize 동 깨닫다, 실현시키다

71 ☐ **worth** [wəːrθ]
- 명 가치
- 동 …할 가치가 있다
- * worthy 형 …할 가치가 있는

034

The priest is someone that can be trusted.

성직자는 믿을 수 있는 사람이다.

72 ☐ **priest** [priːst]
- 명 사제, 성직자

73 ☐ **trust** [trʌst]
- 동 신뢰하다, 기대하다
- 명 신뢰, 기대

035

I passed the examination and my family celebrated it.

나는 시험에 합격하여 가족이 축하해 주었다.

74 **examination** [igzæ̀mənéiʃən]
명 시험, 검사
* exam 명 시험
* examine 동 조사하다

75 **celebrate** [séləbrèit]
동 축하하다
* celebration 명 축하

036

Stay within the safety zone, please.

안전지대 안에서 머무르세요.

76 **safety** [séifti]
명 안전(⇔danger 위험)
* safely 부 안전하게

77 **zone** [zoun]
명 지대
« a no-parking zone 주차 금지 구역

037

The lazy boy doesn't brush his teeth after meals.

게으른 소년은 식사 후에 이빨을 닦지 않는다.

78 **lazy** [léizi]
형 게으른
* lazily 부 나태하게
* laziness 명 태만

79 **brush** [brʌʃ]
동 닦다, 솔질하다
명 솔질, 솔
« a hairbrush 머리 솔

038

She graduated from high school and became a professional tennis player.

그녀는 고등학교를 졸업하고 나서 프로 테니스 선수가 되었다.

80 □ **graduate** [grǽdʒuèit]
- 동 졸업하다
- 명 형 대학 졸업생(의)

81 □ **professional** [prəféʃənl]
- 형 전문적인, 직업적인
- 명 직업선수(⇔amateur 아마추어)
- * profession 명 직업

039

Jane is a friendly girl and takes part in many school activities.

제인은 붙임성 있는 소녀로 많은 교내 활동에 참여한다.

82 □ **friendly** [fréndli]
- 형 친근한, 호의적인
- * friend 명 친구, 벗
- « make friends with …와 사귀다
- * friendship 명 우정

83 □ **activity** [æktívəti]
- 명 활동
- * act 명 동 행동(하다), 연기(하다)
- * active 형 활발한, 적극적인

040

His music continues to give courage to people all over the world.

그의 음악은 전 세계의 사람들에게 계속 용기를 불어 넣어주고 있다.

84 **continue** [kəntínjuː]
- 동 계속하다
- * continuity 명 계속
- * continuous 형 끊임없는

85 **courage** [kə́ːridʒ]
- 명 용기(bravery)
- * courageous 형 용기있는(⇔cowardly 비겁한)
- * discourage 동 낙담시키다

041

He forgave me with a sigh.

그는 한숨을 내쉬면서 나를 용서해 주었다.

86 **forgive** [fərgív]
- 동 용서하다
  [forgive-forgave-forgiven]

87 **sigh** [sai]
- 명 한숨
- 동 한숨을 쉬다
- « with a sigh of relief 안도의 한숨을 쉬며

042

I like stories of heroes more than anything else.

나는 그 어떤 것보다 영웅담을 더 좋아한다.

88 **hero** [híərou/híːrou]
- 명 영웅, 주인공
- * heroine 명 (여성)영웅, 여주인공

89 **else** [els]
- 부 그밖에
- * elsewhere 부 다른 곳에서

043

I have been to the unique school once or twice.

나는 한두 차례 독특한 학교에 간 적이 있다.

90 **unique** [juːníːk]
형 독특한, 유일한

91 **twice** [twais]
부 두 번, 두 배(로)
« once or twice 한두 차례

044

Being very thirsty, the swallow drank water repeatedly.

몹시 목이 말라서, 제비는 계속해서 물을 마셨다.

92 **thirsty** [θə́ːrsti]
형 목이 마른, 열망하는
* thirst 명 갈증, 열망

93 **swallow** [swálou]
명 제비

94 **repeatedly** [ripíːtidli]
부 계속해서, 되풀이해서
* repeat 동 반복하다

045

The people crossed the border and escaped from this country.

사람들은 국경을 넘어 이 나라에서 탈출했다.

95 **border** [bɔ́ːrdər]
명 국경
동 접해 있다
« border line 명 경계[국경]선

96 **escape** [iskéip]
동 도망치다, 탈출하다
명 탈출

046

The audience took a great interest in what he was saying.

청중은 그가 한 말에 대단한 관심을 가졌다.

97 ☐ **audience** [ɔ́ːdiəns]
명 청중, 관중
* audible 형 (소리 등을)들을 수 있는

98 ☐ **interest** [íntərèst]
명 관심, 흥미
동 흥미를 일으키다
* interesting 형 흥미로운(⇔dull 지루한)

047

John is especially interested in our culture.

존은 우리의 문화에 특히 관심이 있다.

99 ☐ **especially** [ispéʃəli]
부 특히, 유난히
* especial 형 특별한

100 ☐ **culture** [kʌ́ltʃər]
명 문화, 교양
* cultural 형 문화의, 교양있는

048

We cannot escape from the fear of death.

우리는 죽음의 공포로부터 벗어날 수 없다.

101 ☐ **fear** [fiər]
명 공포, 불안
« for fear of …을 두려워하여
동 두려워하다, 염려하다
* fearful 형 무서운, 걱정하는

102 ☐ **death** [deθ]
명 죽음
* die 동 죽다
* dead 형 죽은(⇔alive 살아 있는)

049

What is the origin of human beings?

인류의 기원은 어떻게 되나요?

103 **origin** [ɔ́ːrədʒin]

명 기원, 태생

« by origin 태생은

* original 형 독창적인, 원작의
* originally 부 독창적으로
* originality 명 독창성

104 **human** [hjúːmən]

형 인간의, 인간적인

* humanity 명 인간성, 인류
* humane 형 인도적인
* humanism 명 인간주의

050

I was ignorant of that fact.

나는 그 사실을 알지 못했다.

105 **ignorant** [ígnərənt]

형 무지한(⇔learned 박식한), 알지 못하는

* ignore 동 무시하다
* ignorance 명 무지, 알지 못함

106 **fact** [fækt]

명 사실

« as a matter of fact 실제로

« in fact 실제로, 사실상

051

After a short interview, I was employed.

간단한 면접을 받은 후에 나는 고용되었다.

107 □ **interview** [íntərvjùː]
- 명 면접, 회견
- 동 면접하다

108 □ **employ** [implɔ́i]
- 동 고용하다, 사용하다
- * employment 명 고용
- * employee 명 종업원
- * employer 명 고용주

052

Will you explain the method of this training?

이 연수의 방법을 설명해 주시겠습니까?

109 □ **explain** [ikspléin]
- 동 설명하다
- * explanation 명 설명

110 □ **method** [méθəd]
- 명 방법
- * methodical 형 조직적인

053

Can the little girl climb the stairs easily?

그 여자아이가 계단을 쉽게 올라 갈 수 있나요?

111 □ **stair** [stɛər]
- 명 계단

112 □ **easily** [íːzili]
- 부 쉽게
- * easy 형 쉬운(⇔difficult 어려운)

054

'Garfield' is one of their favorite cartoons.

'가필드'는 그들이 좋아하는 만화 중에 하나이다.

113 □ **favorite** [féivərit]
- 형 아주 좋아하는
- 명 특히 좋아하는 것
- * favor 명 호의

114 □ **cartoon** [kɑːrtúːn]
- 명 만화

055

They produce an original wine.

그들은 원조 포도주를 생산한다.

115 □ **produce** [prədjúːs]
- 동 생산하다, 상연하다
- * product 명 산물, 제품
- * production 명 생산(물)

116 □ **original** [ərídʒinl]
- 형 독창적인, 원작의 명 원작
- * origin 명 기원
- * originally 부 본래는

056

My daughter is keeping company with a lawyer.

내 딸은 변호사와 교제를 하고 있다.

117 □ **company** [kʌ́mpəni]
- 명 교제, 회사
- « keep company with …와 사귀다
- * companion 명 동료, 친구

118 □ **lawyer** [lɔ́ːjər]
- 명 변호사
- * law 명 법률

057

The judge advised me to hire a lawyer.

판사는 내게 변호사를 고용하라고 조언했다.

119 □ **judge** [dʒʌdʒ]

- 명 판사, 재판관
- 동 판단하다, 재판하다
- « judging from …로 판단해 보건대
- * judgment 명 판단, 판결
- * just 형 공정한
- * justice 명 정의
- * injustice 명 부정

120 □ **hire** [háiər]

- 동 고용하다

Young men are fitter to invent than to judge, fitter for execution than for counsel, fitter for new projects than for settled business.

청년들은 판단하는 것보다는 생각해내는 것이 어울리고, 타협보다는 실행이 적합하며, 안정된 직업보다는 새로운 기획이 더 잘 어울린다.

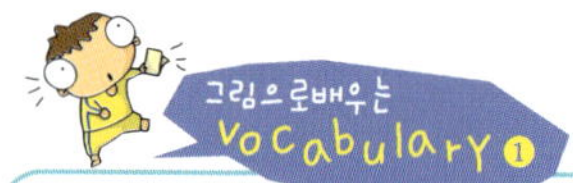

Action Words

listen[lisn] * 듣다

speak[spiːk] * 말하다

look[luk] * 보다

point[pɔint] * 지적하다

eat[iːt] * 먹다

write[rait] * 쓰다

read[riːd] * 읽다

work[wəːrk] * 일하다

Action Words

watch [wɑtʃ] * 지켜보다

exercise [éksərsàiz] * 운동하다

clean [kliːn] * 청소하다

study [stʌ́di] * 공부하다

sleep [sliːp] * 자다

shave [ʃeiv] * 면도하다

talk [tɔːk] * 이야기하다

play [plei] * 연주하다

058

Do you agree or disagree with him?

당신은 그 사람 의견에 찬성합니까 아니면 반대합니까?

121 □ **agree** [əgríː]
- 동 의견이 일치하다, 동의하다
- * agreement 명 일치
- * agreeable 형 유쾌한

122 □ **disagree** [dìsəgríː]
- 동 의견이 같지 않다
- * disagreement 명 불일치
- * disagreeable 형 불쾌한

059

Can you tell the difference between fact and truth?

당신은 사실과 진실의 차이를 아나요?

123 □ **difference** [dífərəns]
- 명 차이(점)
- * differ 동 다르다, 의견이 다르다
- * different 형 다른

124 □ **truth** [truːθ]
- 명 진실(⇔lie 거짓말)
- « in truth 진실로
- * true 형 진실한

060

Use the back entrance instead of the front.

앞문 대신에 뒷문을 사용하세요.

125 □ **entrance** [éntrəns]
- 명 입구(⇔exit 출구), 입장
- « entrance examination 입학시험
- * enter 동 들어가다

126 □ **instead** [instéd]
- 부 대신에
- « instead of …대신에

061

I agree with him to a certain degree.

나는 어느 정도는 그의 말에 찬성한다.

127 □ **certain** [sə́ːrtn]
형 (어느) 일정한, 확실한
* certainly 부 확실히

128 □ **degree** [digríː]
명 정도, (온도계의) 도

062

Music is truly a source of pleasure.

음악은 진실로 즐거움의 원천이다.

129 □ **source** [sɔːrs]
명 근원, (정보 등의) 출처

130 □ **pleasure** [pléʒər]
명 즐거움, 기쁨
« with pleasure 기꺼이
* please 동 즐겁게 하다
* pleasant 형 즐거운(⇔unpleasant 불쾌한)

063

Few persons were aware of the event.

그 사건을 아는 사람은 거의 없었다.

131 □ **person** [pə́ːrsn]
명 사람
« in person 직접
* personal 형 개인의

132 □ **aware** [əwɛ́ər]
형 …을 알아차린
* awareness 명 자각

133 □ **event** [ivént]
명 사건, 행사

064

Reason should be in harmony with emotion.

이성은 감정과 조화를 이루어야 한다.

134 □ **harmony** [hɑ́ːrməni]
- 명 조화
- ✱ harmonious 형 잘 조화된

135 □ **emotion** [imóuʃən]
- 명 감정
- ✱ emotional 형 감정의, 감동적인
- ✱ emotionally 부 감정적으로

065

She stared at him with tears in her eyes.

그녀는 눈물을 글썽거리며 그를 쳐다보았다.

136 □ **stare** [stɛər]
- 동 빤히 쳐다보다
- 명 응시

137 □ **tear** [tiər]
- 명 《복》 눈물
- « burst into tears 눈물을 터뜨리다
- 동 [tɛər] 찢다 [tear-tore-torn]

066

I had imagined him as a stupid boy.

나는 그를 어리석은 소년으로 생각했었다.

138 □ **imagine** [imǽdʒin]
- 동 생각하다, 상상하다
- ✱ image 명 상(像)
- ✱ imagination 명 상상(력)

139 □ **stupid** [stjúːpid]
- 형 어리석은
- ✱ stupidly 부 어리석게도

067

Her face bore all the signs of tears.

그녀의 얼굴에 눈물의 흔적이 있었다.

140 **bear** [bɛər]
동 (표정, 흔적을) 몸에 지니다, 참다 [bear-bore-borne]
(아이를) 낳다 [bear-bore-born]
명 곰

141 **sign** [sain]
명 흔적, 기호
동 서명하다
* signal 명 신호, 암호
동 신호하다

068

I engage in agriculture on the land of my ancestors.

나는 조상의 땅에서 농업에 종사하고 있다.

142 **agriculture** [ǽgrikʌ̀ltʃər]
명 농업(agri-밭+culture-갈다 → 농업)
* agricultural 형 농업의

143 **ancestor** [ǽnsestər]
명 조상(⇔descendant, offspring 자손)

069

He is proud of his brave ancestors.

그는 용감한 그의 선조들을 자랑으로 여긴다.

144 **proud** [praud]
형 자랑으로 여기는
* pride 명 자존심, 자랑

145 **brave** [breiv]
형 용감한(⇔cowardly 비겁한)
* bravery 명 용감

070

He is disabled and has difficulty in walking.

그는 신체 장애로 걷는 데 어려움을 겪는다.

146 □ **disabled** [diséibld]
- 형 불구가 된
- * disability 명 장애(⇔ability 능력)

147 □ **difficulty** [dífikʌlti]
- 명 어려움
- * difficult 형 어려운(⇔easy 쉬운)

071

The fire spread quickly and destroyed many houses and temples.

불은 순식간에 퍼져서 많은 집과 절을 태워버렸다.

148 □ **spread** [spred]
- 동 퍼지다, 퍼뜨리다
- 명 확장, 보급
- * widespread 형 널리 행해지는

149 □ **destroy** [distrɔ́i]
- 동 파괴하다
- * destruction 명 파괴

150 □ **temple** [témpl]
- 명 신전, 사원

072

The ancient capital spread over the green hill.

그 고대 수도는 푸른 언덕 위에 세워졌다.

151 □ **ancient** [éinʃənt]
- 형 고대의(old⇔modern)
- 명 고대

152 □ **capital** [kǽpətl]
- 명 수도, 자본
- 형 주요한, 자본의

073

There is a big map near the station for the convenience of the tourists.

관광객의 편의를 위하여 역 근처에 큰 지도가 있다.

153 □ **convenience** [kənvíːnjəns]
명 편리
« convenience store 편의점
* convenient 형 편리한(⇔inconvenient 불편한)

154 □ **tourist** [túərist]
명 관광객
* tour 명 여행

074

The center of the earthquake was 70 kilometers off the coast.

지진의 진원지는 해안에서 70킬로미터 떨어진 곳이었다.

155 □ **earthquake** [ə́ːrθkwèik]
명 지진(earth 지면+quake 진동하다)
* earth 명 지구, 대지

156 □ **coast** [koust]
명 해안
« from coast to coast
대서양 연안에서 태평양 연안까지

075

The Spanish conquered the New World and made it their colony.

스페인 사람들은 신세계를 정복해서 식민지로 만들었다.

157 □ **conquer** [káŋkər]
동 정복하다
* conquest 명 정복

158 □ **colony** [káləni]
명 식민지
* colonial 형 식민지의

076

People of the community are clearly against the plan.

그 지역 사회 사람들은 확실히 그 계획에 반대하고 있다.

159 □ **community** [kəmjúːnəti]
명 지역사회, 공동체

160 □ **clearly** [klíərli]
부 확실히
* clear 형 분명한
부 뚜렷히
동 제거하다

077

The sailboat moved at a comfortable speed in the right direction.

범선은 정면으로 적절한 속도를 내면서 나아갔다.

161 □ **comfortable** [kʌ́mfərtəbl]
형 안락한, 충분한
* comfort 명 안락
* comfortably 부 안락하게

162 □ **direction** [dirékʃən]
명 방향, 지휘
* direct 형 직접의
부 똑바로
동 지휘하다

078

The kind-hearted man had some orphans to support.

그 마음씨 착한 남자는 부양해야 할 고아가 몇 명 있었다.

163 □ **orphan** [ɔ́:rfən]
- 명 고아

164 □ **support** [səpɔ́:rt]
- 동 부양하다, 지원하다
- 명 지원, 지지
- * supporter 명 지지자

079

We are all responsible for supporting democracy.

우리는 모두 민주주의를 지지해야 할 책임이 있다.

165 □ **responsible** [rispánsəbl]
- 형 책임이 있는
- * responsibility 명 책임

166 □ **democracy** [dimákrəsi]
- 명 민주주의
- * democratic 형 민주주의의

080

There is an article on the air disaster in the paper.

신문에 항공기 참사에 관한 기사가 있다.

167 □ **article** [á:rtikl]
- 명 기사, 물품
- « an article of furniture 가구 한 점

168 □ **disaster** [dizǽstər]
- 명 참사
- * disastrous 형 재해의, 비참한

081

They say that smoking may cause cancer.

흡연이 암을 유발할지도 모른다고 한다.

169 □ **cause** [kɔːz]
- 동 …의 원인이 되다
- 명 원인(⇔effect, result 결과)

170 □ **cancer** [kǽnsər]
- 명 암
- * lung cancer 명 폐암

082

His business didn't recover from the damages caused by the accident.

그의 사업은 그 사고로 인한 손상으로부터 회복하지 못했다.

171 □ **business** [bíznis]
- 명 사업, 장사
- « on business 출장중
- * businessman 명 실업가

172 □ **recover** [rikʌ́vər]
- 동 회복하다
- * recovery 명 회복

173 □ **damage** [dǽmidʒ]
- 명 손해
- 동 손해를 입히다

083

The guide described the size of this cave.

안내원은 이 동굴의 크기를 설명해 주었다.

174 □ **describe** [diskráib]
- 동 설명하다, 묘사하다
- * description 명 묘사

175 □ **size** [saiz]
- 명 크기, 치수

176 □ **cave** [keiv]
- 명 동굴

084

He waved the guest to a seat.

그는 그 손님에게 손짓으로 자리에 앉게 했다.

177 □ **wave** [weiv]
- 동 (손을 흔들어) 신호하다
- 명 파도, 신호

178 □ **guest** [gest]
- 명 손님

085

Tradition is passed on from generation to generation.

전통은 한 세대에서 다음 세대로 전해진다.

179 □ **tradition** [trədíʃən]
- 명 전통, 전설
- * traditional 형 전통의, 전설의

180 □ **generation** [dʒènəréiʃən]
- 명 세대

086

This product is cheaper these days.

이 제품은 최근에 값이 더 내렸다.

181 □ **product** [prádəkt]
- 명 제품
- * produce 동 생산하다
- * production 명 생산

182 □ **cheap** [tʃi:p]
- 형 값싼(⇔expensive 비싼)
- 부 값이 싸게

087

Mr. Adams fixed the date of paying his bills.

아담스씨는 청구서의 지불기일을 결정했다.

183 □ **fix**
[fiks]

동 결정하다, 고정하다
* fixed 형 고정된

184 □ **bill**
[bil]

명 청구서, 법안
* billboard 명 광고판

I finally figured out the only reason to be alive is to enjoy it.

— Rita Mae Brown

마침내 나는 살아야 할 유일한 이유가 삶을 즐기는데 있음을 알았다.

— 리타 메이 브라운

088

The purpose of the meeting was hidden from the public.

그 회의의 목적은 대중에게 알려지지 않았다.

185 □ **purpose** [pə́ːrpəs]
- 명 목적
- « on purpose 고의로
- « with the purpose of …의 목적으로
- * purposely 부 일부러, 고의로

186 □ **hide** [haid]
- 동 숨기다, 감추다
- * hidden 형 숨겨진, 비밀의

187 □ **public** [pʌ́blik]
- 명 대중
- « in public 대중 앞에
- 형 공공의(⇔private 개인의)
- * publication 명 출판(물)

089

I like to perform magic in public.

나는 대중 앞에서 마술하기를 좋아한다.

188 □ **perform** [pərfɔ́ːrm]
- 동 행하다, 상연하다
- * performance 명 연기, 수행

189 □ **magic** [mǽdʒik]
- 명 마술
- 형 마술의
- * magician 명 마법사

090

Their campaign didn't appeal to the public.

그들의 운동은 대중에게 관심을 끌지 못했다.

190 □ **campaign** [kæmpéin]
- 명 (정치적·사회적)운동
- 동 운동을 하다(*for* 찬성하여, *against* 반대하여)

191 □ **appeal** [əpíːl]
- 동 호소하다
- 명 호소, 매력
- « sex appeal 성적 매력

091

We enjoyed a fantastic view of the sea.

우리는 바다의 멋진 경치를 즐겼다.

192 □ **fantastic** [fæntǽstik]
- 형 아주 멋진
- * fancy 명 공상 동 상상하다
- * fantasy 명 공상

193 □ **view** [vjuː]
- 명 경치, 견해
- « with a view to (동)명사 …할 목적으로
- « in view 보이는 곳에
- 동 …라고 여기다
- * viewer 명 시청자
- * viewpoint 명 견지
- * review 동 복습하다

092

My dog is gentle, but he sometimes barks loudly.

나의 개는 얌전하지만 가끔 큰소리로 짖어댄다.

194 □ **gentle** [dʒéntl]
㉬ 유순한, 고결한
« a gentle heart 고결한 마음

195 □ **bark** [bɑːrk]
㉣ (개 따위가) 짖다

093

The crowd went mad and hanged the man without a trial.

군중이 이성을 잃어버리고 그 남자를 재판도 하지 않은 채 교수형에 처했다.

196 □ **mad** [mæd]
㉬ 미친, 화난

197 □ **hang** [hæŋ]
㉣ 교수형에 처하다 [hang-hanged-hanged]
걸다 [hang-hung-hung]

198 □ **trial** [tráiəl]
㉯ 재판, 시도
« trial and error 시행착오

094

He had the luck to go overseas in his high school days.

그는 운이 좋게도 고교시절을 해외에서 보냈다.

199 □ **luck** [lʌk]
㉯ 행운, 운
* lucky ㉬ 행운의
* luckily ㉫ 운좋게

200 □ **overseas** [òuvərsíːz]
㉫ 해외로
㉬ 해외(로부터)의

095

The police identified the man immediately.

경찰은 즉시 그 남자의 신원을 확인했다.

201 □ **identify** [aidéntəfài]
동 신원을 확인하다, 동일시하다
* identity 명 동일성, 신원

202 □ **immediately** [imíːdiətli]
부 즉시, 직접
* immediate 형 즉석의, 직접의

096

During the dry season this place becomes a complete desert.

건기에 이 지역은 완전한 사막이 된다.

203 □ **complete** [kəmplíːt]
형 완전한
동 완성하다
* completely 부 완전히

204 □ **desert** [dézərt]
명 사막
(desert [dizə́ːrt] [버리다]와 dessert [후식]는 동음이의어)

097

His hands trembled with excitement and anger.

그의 손은 흥분과 분노로 떨렸다.

205 **tremble** [trémbl]
- 동 떨다
- 명 떨림

206 **excitement** [iksáitmənt]
- 명 흥분
- * exciting 형 흥분시키는
- * excited 형 흥분한

207 **anger** [ǽŋgər]
- 명 분노
- * angry 형 성난

098

The rainfall necessary for life is disappearing over large areas.

생물이 살기에 필요한 강우량이 광범위한 지역에 걸쳐서 사라지고 있다.

208 **disappear** [disəpíər]
- 동 사라지다, (⇔appear 나타나다)
- * disappearance 명 보이지 않음, 실종

209 **area** [ɛ́əriə]
- 명 지역
- (학문의) 분야

099

The plants in desert areas have different characters from ordinary ones.

사막지역의 식물들은 보편적인 식물들과는 다른 특징을 가지고 있다.

210 □ **character** [kǽriktər]
명 특질, 성격, 등장인물
* characteristic 형 특징적인 명 특징

211 □ **ordinary** [ɔ́:rdənèri]
형 보통의
* extraordinary 형 이상한

100

She feels very lonely with nobody beside her.

그녀는 자기 옆에 아무도 없어 매우 쓸쓸하다.

212 □ **lonely** [lóunli]
형 외로운, 고독한
* loneliness 명 고독, 적막

213 □ **beside** [bisáid]
전 …의 옆에
« beside oneself 제정신을 잃고

101

I have caught cold and have a terrible headache.

나는 감기에 걸려 두통이 심하다.

214 □ **terrible** [térəbl]
형 지독한, 무서운
* terror 명 공포, 두려움
* terribly 부 무섭게, 지독하게

215 □ **headache** [hédèik]
명 두통
* head 명 머리, 장

102

Atomic power should be used for peaceful purposes.

원자력은 평화적인 목적을 위하여 사용되어야 한다.

216 □ **atomic** [ətámik]
- 형 원자의, 원자력의
- « atomic energy 원자력 에너지

217 □ **peaceful** [pí:sfəl]
- 형 평화로운
- * peacefully 부 평화로이

103

Industrial waste has poisoned the water.

산업폐기물이 물을 오염시켜 왔다.

218 □ **industrial** [indʌ́striəl]
- 형 산업의
- * industry 명 산업, 근면
- * industrialize 동 산업화하다

219 □ **waste** [weist]
- 명 폐기물, 쓰레기, 낭비
- 동 낭비하다
- * wasteful 형 낭비하는

220 □ **poison** [pɔ́izn]
- 동 더럽히다, …에 독을 넣다
- 명 독, 해독
- * poisonous 형 유독한

104

They began to send young volunteers to developing countries in 1996.

그들은 1996년에 개발 도상국으로 젊은 자원자들을 보내기 시작했다.

221 □ **volunteer** [vɑ̀ləntíər]
- 명 자원자, 지원자
- 동 자발적으로 신청하다
- * voluntary 형 자발적인

222 □ **develop** [divéləp]
- 동 개발하다
- * development 명 개발
- * developing 형 발달중인

105

The new project was kept secret for the moment.

새로운 계획은 당시에는 공표되지 않았다.

223 □ **project** [prɑ́dʒekt]
- 명 계획
- 동 계획하다

224 □ **moment** [móumənt]
- 명 순간, 찰나
- « in a moment 순식간에
- « for a moment 잠시동안

106

Did you have a similar experience to that?

당신은 그것과 유사한 경험을 했습니까?

225 □ **similar** [símələr]
- 형 유사한
- * similarity 명 유사성
- * similarly 부 비슷하게

226 □ **experience** [ikspíəriəns]
- 명 경험
- 동 경험하다

107

There is no cure for this rare disease.

이 희귀한 질병에 대한 치료방법이 없다.

227	**cure** [kjuər]	명 치료(법) 동 치료하다
228	**rare** [rɛər]	형 희귀한, (고기가) 익지 않은 * rarely 부 좀처럼 … 하지 않다
229	**disease** [dizíːz]	명 질병 (dis-not의 의미+ease 안락=질병)

108

The river smells bad because of waste and dirty water.

강은 쓰레기와 오수로 인해 냄새가 심하다.

230	**smell** [smel]	동 냄새를 맡다 명 냄새
231	**dirty** [dəːrti]	형 더러운(⇔clean 깨끗한) * dirt 명 더러움

109

This story was first published in Spanish, and later translated into English.

이 소설은 처음에는 스페인어로 출판되었고 이후에 영어로 번역되었다.

232	**publish** [pʌ́bliʃ]	동 출판하다 * publication 명 출판(물)
233	**translate** [trænsléit]	동 번역하다(⇒interpret 통역하다), 해석하다 * translation 명 번역, 해석

110

He offered to check the address on the computer for me.

그는 나를 위해 컴퓨터상의 어드레스를 점검해 주겠다고 제안했다.

234 □ **offer** [ɔ́:fər]
- 동 제안하다, 제공하다
- * offering 명 제공

235 □ **address** [ədrés]
- 명 기억장치 안에 특정정보가 있는 위치
  주소, 연설
- 동 연설하다, 주소를 쓰다

111

English is included in the subjects you have to study.

영어는 네가 공부해야 할 과목에 포함되어 있다.

236 □ **include** [inklú:d]
- 동 포함하다(⇔exclude 배제하다)
- * inclusion 명 포함

237 □ **subject** [sʌ́bdʒikt]
- 명 과목, 주제
- 형 복종하는
- 동 종속시키다

112

What subject are you majoring in at university?

대학에서 어떤 과목을 전공하고 있습니까?

238 □ **major** [méidʒər]
- 동 전공하다
- 형 주요한, 대부분의(⇔minor 중요치 않은, 소수의)
- * majority 명 대다수(⇔minority 소수)

239 □ **university** [jù:nəvə́:rsəti]
- 명 대학, 종합대학(⇒college 단과대학)

113

I had a funny feeling that we'd make contact with the alien tonight for sure.

나는 오늘밤 우리가 외계인과 확실히 접속할 것 같다는 이상한 느낌이 들었다.

240 □ **funny** [fʌ́ni]
- 형 기묘한, 재미있는
- * fun 명 즐거움, 장난

241 □ **contact** [kɑ́ntækt]
- 명 연락, 접촉
- « make contact with …와 연락하다

114

This world is full of tiny creatures that cannot be seen by us.

이 세계는 눈에 보이지 않는 미생물로 가득차 있다.

242 □ **tiny** [táini]
- 형 아주 작은

243 □ **creature** [kríːtʃər]
- 명 생물, 동물
- * create 동 창조하다
- * creation 명 창조

115

We all become foreigners when we go abroad.

우리는 모두 해외로 나가면 외국인이 된다.

244 □ **foreigner** [fɔ́ːrinər]
- 명 외국인
- * foreign 형 외국의(⇔domestic 국내의)

245 □ **abroad** [əbrɔ́ːd]
- 부 해외로, 외국으로
- « go abroad 해외로 나가다

116

The boy didn't play a trick for fear of being punished.

그 소년은 벌을 받을까 두려워 장난을 치지 않았다.

246 □ **trick** [trik]	명 장난, 속임수 * tricky 형 교활한
247 □ **punish** [pʌ́niʃ]	동 벌하다 * punishment 명 처벌

117

I noticed the smoke and screamed to everyone to escape.

나는 연기가 나는 것을 보고 모두 피하라고 소리쳤다.

248 □ **notice** [nóutis]	동 알아차리다, 주의하다 명 주의, 통지
249 □ **scream** [skriːm]	동 소리치다 명 외침, 비명

118

The basic meaning of the word is not so difficult as it might seem.

그 단어의 기본적인 의미는 보기보다 어려운 것이 아니다.

250 □ **basic** [béisik]	형 기초의, 기본적인 * base 명 기초 * basis 명 기초, 근거
251 □ **meaning** [míːniŋ]	명 의미, 의도 * mean 동 의미하다, 의도하다

119

The editor paid no attention to the advice I gave.

편집자는 나의 충고에 주의를 기울이지 않았다.

252 □ **editor** [éditər]
- 명 편집자
- * edit 동 편집하다
- * edition 명 (간행물의) 판

253 □ **attention** [əténʃən]
- 명 주의 , 배려
- « pay attention to …에 주의를 두다
- * attend 동 출석하다, 시중들다
- * attendant 명 참석자, 수행원

120

Mary offered him her congratulations upon his success.

메어리는 그에게 성공을 축하한다고 말했다.

254 □ **congratulation** [kəngrætʃəléiʃən]
- 명 축하, 축하의 말
- * congratulate 동 축하해주다

255 □ **success** [səksés]
- 명 성공, 합격
- * succeed 동 성공하다(⇔fail 실패하다), 뒤를 잇다

121

Although his career seemed successful, he was actually in financial trouble.

그의 생애는 성공적으로 보였지만 그는 실제로 재정상의 어려움에 빠져 있었다.

256 □ **although** [ɔːlðóu] — 접 비록 …일지라도

257 □ **career** [kəríər] — 명 직업, 경력, 생애

258 □ **successful** [səksésfəl] — 형 성공한
- ＊ succeed 동 성공하다(⇔fail 실패하다), 뒤를 잇다
  - « succeed in 성공하다
  - « succeed to 뒤를 잇다
- ＊ successive 형 연속적인

122

The Germans attacked the British by bombing London at night.

독일군이 야간에 런던을 폭격함으로써 영국을 공격했다.

259 □ **attack** [ətǽk] — 동 공격하다 / 명 공격(⇔defense 방어)

260 □ **bomb** [bɑm] — 동 폭격하다 / 명 폭탄

123

Many of the strict rules at the high school seemed foolish to the visitors from abroad.

그 고등학교의 많은 엄격한 학칙들은 해외에서 온 방문객들에게는 터무니없어 보였다.

261 □ **strict** [strikt]
형 엄한, 엄밀한
* strictly 부 엄히

262 □ **foolish** [fuːliʃ]
형 어리석은
* fool 명 바보
« make a fool of… (사람을)놀리다

124

I appreciate your kindness in letting me borrow your umbrella.

친절하게도 우산을 빌려주셔서 감사드립니다.

263 □ **appreciate** [əpríːʃièit]
동 감사하다, 감상하다
* appreciation 명 감상, 감사

264 □ **borrow** [bɑrou]
동 빌리다(⇔lend 빌려주다)

The man who removes a mountain begins by carrying away small stones.

산을 옮기는 사람은 작은 돌을 운반하는 것으로 시작한다.

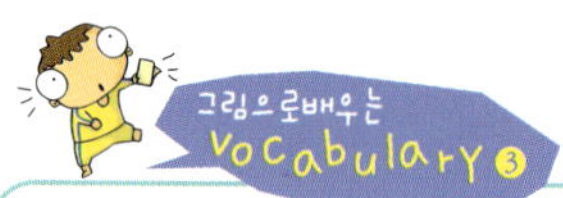

Personal Items

keys [ki:z] * 열쇠

checkbook [tʃékbùk]
* 수표장

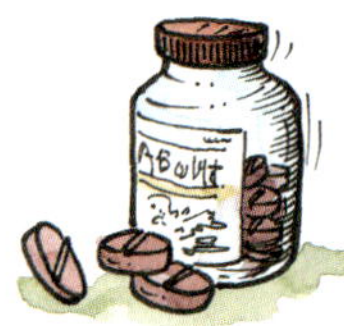

pills [pils] * 환약

sunglasses [sʌ́nglæ̀siz]
* 선글라스

briefcase [brí:fkèis]
* 서류 가방

cellular phone [séljulər fòun]
* 휴대 전화

wallet [wɑ́lit] * 지갑

fax machine [fæks məʃí:n]
* 팩스기계

Weather Words

foggy [fɔ́ːgi]
* 안개가 짙은

warm [wɔː*r*m] * 따뜻한

windy [windi] * 바람이 센

cold [kould] * 추운

hot [hɑt] * 뜨거운, 더운

snowy [snoui] * 눈이 오는

cloudy [kláudi]
* 구름이 낀

rainy [reini] * 비가 오는

125

He is an actor that can perform both cruel and gentle characters.

그는 잔혹한 인물과 온순한 인물을 모두 연기할 수 있는 배우이다.

265 □ **actor** [ǽktər]
명 배우
* actress 명 여배우

266 □ **cruel** [krú:əl]
형 잔인한
* cruelty 명 잔혹

126

Heavy smokers will suffer more often from bad health than non-smokers.

담배를 많이 피우는 사람은 건강악화로 비흡연자보다 더 고생할 것이다.

267 □ **suffer** [sʌ́fər]
동 고생하다, 손해를 입다
* suffering 명 고생

268 □ **health** [helθ]
명 건강(⇔illness 병)
« bad health 건강이 좋지 않음
* healthy 형 건강한

127

The food will improve your health, and give you strength and long life.

이 음식은 우리의 건강을 개선하며, 활력과 오랜 생명을 부여한다.

269 □ **improve** [imprú:v]
동 개량하다, 나아지다
* improvement 명 개량, 개선

270 □ **strength** [streŋkθ]
명 힘, 강함
* strengthen 동 강하게 하다

128

The scene reduced my wife to tears.

그 장면을 보더니 내 아내는 눈물을 흘렸다.

271 □ **scene** [siːn]

명 장(면), 풍경
* scenery 명 풍경, 경치
☞ scene 한정된 개개의 장면
scenery (특히 자연의)전풍경

272 □ **reduce** [ridjúːs]

동 줄이다
« be reduced to (동)명사 부득이 … 하게 하다

129

In this area, wild animals are protected from hunters.

이 지역은 야생 동물들이 사냥꾼으로부터 보호된다.

273 □ **wild** [waild]

형 야생의, 거친
« wild birds 야생조류
« a wild hill 황량한 언덕
부 난폭하게
* wildlife 명 야생동물
* wilderness 명 황야

274 □ **protect** [prətékt]

동 보호하다
* protection 명 보호
* protective 형 보호하는

130

Besides, there is no other way of cutting down the cost.

게다가, 비용을 삭감할 다른 방도가 없다.

275 □ **besides** [bisáidz]
- 부 게다가
- 전 …이외에도

276 □ **cost** [kɔ:st]
- 명 비용, 희생
- « at any cost 어떤 희생을 치르고라도
- 동 비용이 들다

131

Columbus discovered a new continent instead of reaching India.

콜럼버스는 인도에 도착한 것이 아니라 신대륙을 발견했다.

277 □ **discover** [diskʌ́vər]
- 동 발견하다
- * discovery 명 발견

278 □ **continent** [kántənənt]
- 명 대륙
- * continental 형 대륙의

132

Let's use recycled paper to protect the environment.

환경을 보호하기 위해서 재생지를 사용합시다.

279 □ **recycle** [ri:sáikl]
- 동 재활용하다

280 □ **environment** [inváiərənmənt]
- 명 환경, 주위
- * environmental 형 환경의

133

Today's topic is how we can feed the starving people in the world.

오늘날의 화제는 세계의 굶주린 사람들에게 식량을 어떻게 공급하느냐이다.

281	**topic** [tápik]	명 화제 * topical 형 화제의
282	**feed** [fi:d]	동 식량을 주다, 먹이로 하다
283	**starve** [stɑ:rv]	동 굶주리다 * starvation 명 굶주림

134

It cost me ten thousand dollars to have the upper floors of our house repaired.

나는 우리집의 위층을 수리하는데 1만달러의 비용이 들었다.

284	**upper** [ʌ́pər]	형 위쪽의, 상급의(⇔lower 아래의, 하급의) « the upper classes 상류계급
285	**repair** [ripέər]	동 수리하다 명 수리

135

I hope that nuclear weapons will never be used on this earth.

나는 핵무기가 이 지구상에서 결코 사용되지 않기를 바란다.

286	**nuclear** [njú:kliər]	형 원자핵의, 원자력의 * nucleus 명 핵, 세포핵
287	**weapon** [wépən]	명 무기, 병기

136

You may have some **knowledge** about wild birds, but it is not easy to catch them **alive**.

야생조류에 대해서 약간의 지식이 있어도 그들을 산 채로 잡는 것은 쉬운 일이 아니다.

288 □ **knowledge** [nálidʒ] — 명 지식

289 □ **alive** [əláiv] — 형 살아 있는(⇔dead 죽은)

137

He **hated** his **enemy** that gave him such **pain**.

그는 그에게 그러한 고통을 준 적을 증오했다.

290 □ **hate** [heit] — 동 미워하다
* hatred 명 증오

291 □ **enemy** [énəmi] — 명 적(⇔friend 친구)
☞ opponent 경기에서의 상대

292 □ **pain** [pein] — 명 아픔, 고통
* painful 형 아픈, 힘드는

138

It is **impossible** that he should believe it so **carelessly**.

그가 그것을 그렇게 경솔하게 믿을 리가 없다.

293 □ **impossible** [impásəbl] — 형 불가능한
* impossibility 명 불가능

294 □ **carelessly** [kɛ́ərlisli] — 부 경솔하게
* care 명 걱정, 돌봄
* careless 형 부주의한

139

The emperor had all the people in the country under his control.

그 황제는 그 나라의 모든 백성을 자기의 지배 아래 두었다.

295 □ **emperor** [émpərər]
- 명 황제
- * empress 명 황후

296 □ **control** [kəntróul]
- 명 지배, 관리
- 동 지배하다, 관리하다

140

He acted in anger and opened the door by force.

그는 화가 나서 힘으로 문을 열었다.

297 □ **act** [ækt]
- 동 행동하다
- 명 행함
- * action 명 행동

298 □ **force** [fɔːrs]
- 명 힘, 폭력
- « by force 힘으로, 강제적으로
- 동 …하여금 ~하게 하다
- * enforce 동 강제하다

141

The sight of the accident left a deep impression in her mind.

그 사고의 광경이 그녀의 마음 속에 깊은 인상을 남겼다.

299 □ **sight** [sait]
- 명 광경, 시력
- « do the sights of 명승지 구경을 하다
- * sightseeing 명 관광

300 □ **impression** [impréʃən]
- 명 인상, 감명
- * impress 동 감명을 주다
- * impressive 형 인상적인, 감동적인

142

Military forces have taken control of the government.

군대는 정부를 장악했다.

301 □ **military** [mílitèri]
- 형 군대의, 군인의
- 명 군인, 군대

302 □ **government** [gʌ́vərnmənt]
- 명 정부, 정치
- * govern 동 통치하다, 관리하다

143

Everything in the universe is formed by positive and negative forces.

우주의 만물은 양과 음의 힘으로 구성된다.

303 □ **universe** [júːnəvəːrs]
- 명 우주, 전세계
- * universal 형 전세계의

304 □ **negative** [négətiv]
- 형 부정의, 소극적인
- 명 부정
- « in the negative 부정적으로

144

The jet plane made a straight flight for a while.

제트기가 잠시 동안 곧장 비행을 했다.

305 □ **straight** [streit]
- 형 똑바른
- 부 똑바로

306 □ **flight** [flait]
- 명 비행
- * fly 동 날다 명 날기

145

The treasure was raised after nearly 600 years.

그 보물은 거의 600년이 지난 후에 인양되었다.

307 □ **treasure** [tréʒər]
명 보물

308 □ **nearly** [níərli]
부 거의
* near 부 가까이 형 가까운
* nearby 형 가까운

146

The brave soldier was promoted to officer.

그 용감한 병사는 장교로 진급했다.

309 □ **soldier** [sóuldʒər]
명 병사, 군인

310 □ **promote** [prəmóut]
동 승진시키다, 촉진하다
* promotion 명 승진, 촉진

311 □ **officer** [ɔ́:fisər]
명 장교, 공무원
* office 명 사무실, 회사

147

That is the Statue of Liberty, whose height is about 46 meters.

저것은 높이가 약 46미터 정도되는 자유의 여신상이다.

312 □ **statue** [stǽtʃu:]
명 조각상
« the Statue of Liberty 자유의 여신상

313 □ **height** [hait]
명 높이, 신장
* heighten 동 높게 하다, 높이다

148

The movement spread in protest against the new law.

그 새로 제정된 법률에 항의하여 운동이 전개되었다.

314 □ **movement** [múːvmənt]
- 명 운동, 움직임
- * move 동 움직이다, 감동시키다 명 움직임, 이동

315 □ **protest** [próutest]
- 명 항의
- 동 항의하다

149

He promised the natives to give them the coins.

그는 원주민들에게 돈을 주겠다고 약속했다.

316 □ **promise** [prámis]
- 동 약속하다, 기대하다
- 명 약속, 기대

317 □ **native** [néitiv]
- 명 원주민
- 형 원주민의

150

The tourists will reach their goal sometime next month.

관광객들은 다음달 언젠가 그들의 목적지에 도착할 것이다.

318 □ **goal** [goul]
- 형 목적지, 결승점, 목표

319 □ **sometime** [sʌ́mtàim]
- 부 언젠가는, (과거의) 한번은
- * sometimes 부 때때로, 이따금

151

Someday you will get to know the meaning of the proverb.

언젠가는 그 속담의 뜻을 알게 될 것이다.

320 □ **someday** [sʌ́mdèi] — 부 (장래의) 언젠가는

321 □ **proverb** [prɑ́vəːrb] — 명 속담
* proverbial 형 속담의

152

He probably won't be able to eat raw fish.

그는 아마 생선회를 먹을 수는 없을 것이다.

322 □ **probably** [prɑ́bəbli] — 부 아마도
* probable 형 있음직한
* probability 명 있음직함

323 □ **raw** [rɔː] — 형 날것의
« raw material 원료

153

The memories of the tour to Europe are precious to me.

유럽여행의 추억들은 내게는 소중하다.

324 □ **memory** [mémәri] — 명 추억
* memorial 명 기념물

325 □ **tour** [tuәr] — 명 여행
« on tour 여행중에
동 여행하다

326 □ **precious** [préʃәs] — 형 귀중한, 가치있는
« precious metals 귀금속

154

The kind person is a guard of an elementary school.

그 친절한 사람은 초등학교 수위이다.

327 □ **guard** [gɑːrd]
- 명 경비원
- 동 지키다

328 □ **elementary** [èləméntəri]
- 형 초등의
- * element 명 요소

155

This photograph always reminds me of my elementary school days.

이 사진은 항시 내게 나의 초등학교 시절을 생각나게 한다.

329 □ **photograph** [fóutəgræ̀f]
- 명 사진
- * photographer 명 사진가

330 □ **remind** [rimáind]
- 동 …을 생각나게 하다
- * reminder 명 생각나게 해주는 것

156

Problems between races should never be thought of as silly.

민족 간의 문제가 결코 우습게 여겨져서는 안 된다.

331 □ **race** [reis]
- 명 민족, 인종
- * racial 형 인종의, 민족의
- 명 경주

332 □ **silly** [síli]
- 형 어리석은
- 명 어리석은 짓

157

There are always hungry children somewhere in the world.

세상의 어딘가에는 항상 배고픈 아이들이 있다.

333 □ **hungry** [hʌ́ŋgri]
형 배고픈, 몹시 바라는
* hunger 명 굶주림, 갈망

334 □ **somewhere** [sʌ́mhwɛər]
부 어딘가에, 대략

158

Look the spelling of their names up on the list.

명부에서 그들 이름의 철자를 찾아 보시오.

335 □ **spelling** [spéliŋ]
명 철자(법)
* spell 동 철자하다

336 □ **list** [list]
명 명부, 표
동 목록으로 만들다

159

This new power will run machines and produce electricity in the future.

이 새로운 동력이 미래에는 기계를 작동시켜서 전력을 생산할 것이다.

337 □ **machine** [məʃíːn]
명 기계
* machinery 명 기계, 기계장치
* mechanical 형 기계의, 기계적인

338 □ **electricity** [ilèktrísəti]
명 전기
* electric 형 전기의
* electronic 형 전자의

160

We were trying to save the salmon in that river.

우리는 그 강에서 연어를 구하려고 애쓰고 있었다.

339 **save** [seiv]
- 동 구하다, 저축하다
- * saving 명 저금, 절약

340 **salmon** [sǽmən]
- 명 연어

161

Electricity plays an important role in our daily life.

전기는 우리의 일상생활에서 중요한 역할을 하고 있다.

341 **role** [roul]
- 명 역할
- « play a role 역할을 하다

342 **daily** [déili]
- 형 일상의, 매일의
- « a daily paper 일간신문
- 부 매일

He that is master of himself will soon be master of others.

그 자신을 지배하는 자는 곧 다른 사람의 주인이 될 것이다.

162

He simply believed that his mother's spirit saved him.

그는 단순히 어머니의 영혼이 자기를 구했다고 믿었다.

343 **simply** [símpli]
- 부 단순히, 간단히
- * simple 형 단순한, 간단한
- * simplify 동 간단히하다

344 **spirit** [spírit]
- 명 영혼, 정신
- * spiritual 형 정신적인(⇔material 물질적인)

163

Everyone looked worried when they heard the alarm bell.

누구나 경보기가 울리는 것을 들었을 때 걱정스러워 보였다.

345 **worried** [wə́:rid]
- 형 걱정하는
- * worry 동 걱정하다 명 근심

346 **alarm** [əlá:rm]
- 명 경보기, 자명종시계
- 동 불안하게 하다, 놀라게 하다

164

He may be humorous, but often causes trouble everywhere.

그는 유머감각이 있을런지 모르지만 어디에서나 자주 문제를 일으킨다.

347 **humorous** [hjú:mərəs]
- 형 익살스러운, 유머가 풍부한
- * humor 명 유머, 익살

348 **everywhere** [évrihwὲər]
- 부 어디에서나

165

I **bowed** to his great knowledge of **classical** music.

나는 그의 고전음악에 대한 풍부한 지식에 고개를 숙였다.

349	**bow** [bau]	동 고개를 숙이다, 절하다 명 절, 뱃머리 명 활
350	**classical** [klǽsikəl]	형 고전의, 고전적인 * classic 형 고전(적)인, 전통적인

166

The **temperature** here is a little **below** that of Toronto.

이 곳의 기온은 토론토의 기온보다 조금 낮은 편이다.

351	**temperature** [témpərətʃər]	명 기온, 온도, 체온
352	**below** [bilóu]	전 (정도가) 밑에, (위치가) 아래에 부 아래로, 이하로

167

The **rent** is reasonable and the environment is **perfect**.

집세도 적당하고 환경도 그만이다.

353	**rent** [rent]	명 집세, 임대료 동 임차해주다
354	**perfect** [pə́ːrfikt]	형 완전한, 정확한 * perfectly 부 완전히, 완벽히

168

He **failed** in spite of his perfect **confidence**.

그는 자신감이 넘쳤지만 실패했다.

355 □ **fail** [feil]
- 동 실패하다, …못하다
- « never fail to 반드시 …하다
- * failure 명 실패(⇔success 성공)

356 □ **confidence** [kɑ́nfədəns]
- 명 자신
- * confident 형 자신감이 있는

169

I **discussed** the **international** law with them.

나는 그들과 국제법을 토론했다.

357 □ **discuss** [diskʌ́s]
- 동 토론하다
- * discussion 명 토의, 검토

358 □ **international** [ìntərnǽʃənl]
- 형 국제적인

170

The **passenger** found that he had left his **baggage** on the train.

그 승객은 기차에 그의 짐을 두고 내린 것을 알았다.

359 □ **passenger** [pǽsəndʒər]
- 명 승객
- * passage 명 통행
- * passable 형 통행할 수 있는

360 □ **baggage** [bǽgidʒ]
- 명 수하물(《영》luggage)

171

The press is one of the methods of communication.

신문은 정보 전달 방법의 하나이다.

361 □ **press** [pres]
명 압박, 신문
동 누르다, 강요하다
* pressure 명 압력
* pressing 형 긴급한

362 □ **communication** [kəmjù:nəkéiʃən]
명 전달, 통신
* communicate 동 전달하다 (…와) 통신하다

172

We didn't want to disturb them, so we kept silent.

우리는 그들을 방해하고 싶지 않아서 조용히 있었다.

363 □ **disturb** [distə́:rb]
동 방해하다, 어지럽히다
* disturbance 명 방해, 소란

364 □ **silent** [sáilənt]
형 침묵의, 고요한
* silence 명 침묵, 정적
* silently 부 고요히, 말없이

173

Can you guess who sent this telegram?

누가 이 전보를 보냈다고 생각하니?

365 □ **guess** [ges]
동 추측하다, 생각하다
명 추측

366 □ **telegram** [téligræ̀m]
명 전보

174

Anne expressed her special thanks to him for his kind offer.

앤은 그의 친절한 제의에 그에게 특별한 감사의 뜻을 표했다.

367 □ **express** [iksprés]
- 동 표현하다
- 명 급행열차, 고속버스
- 형 급행의
- * expression 명 표현, 표정
- * expressive 형 표현력이 풍부한

368 □ **special** [spéʃəl]
- 형 특별한, 전문의
- * specialist 명 전문가
- * specialty 명 전문, 전공

175

The main cause of his difficulty is gone forever.

그가 겪었던 곤경의 주원인은 영원히 사라졌다.

369 □ **main** [mein]
- 형 주된, 주요한
- * mainly 부 주로, 대부분

370 □ **forever** [fɔːrévər]
- 부 영구히

176

The officers tracked down the source of the information.

경찰관들은 그 정보의 근원을 추적했다.

371 track [træk]
- 동 찾아내다, …의 뒤를 쫓다
- « track down 추적하여 잡다, 찾아내다
- 명 지나간 자국, 트랙

372 information [infərméiʃən]
- 명 정보, 지식
- * inform 동 알리다

177

I wonder how an increasing world population can find food and space.

증가하는 세계인구가 어떻게 식량과 공간을 찾을 수 있을까?

373 wonder [wʌ́ndər]
- 동 놀라다, 의아하다
- 명 경이, 불가사의
- * wonderfully 부 놀랍게도, 이상하게도

374 increase [inkríːs]
- 동 증가하다(⇔decrease 감소하다)
- 명 증가(⇔decrease 감소)

375 population [pàpjuléiʃən]
- 명 인구
- * populate 동 (어떤 지역에) 살다

178

She gave an instant reply to my question.

그녀는 나의 질문에 즉시 대답했다.

376 □ **instant** [ínstənt]
- 형 즉석의
- 형 순간
- « on the instant 즉시
- * instantly 부 당장
- 접 … 하자마자

377 □ **reply** [riplái]
- 형 대답
- « in reply 답하여
- 동 답하다

179

He has managed to overcome the difficulty.

그는 그 어려움을 간신히 극복했다.

378 □ **manage** [mǽnidʒ]
- 동 간신히 …하다, 경영하다
- * management 명 관리, 경영자측
- * manager 명 지배인

379 □ **overcome** [òuvərkʌ́m]
- 동 극복하다, 이겨내다

180

Neither she nor her husband has returned.

그녀와 그녀의 남편은 둘다 돌아오지 않았다.

380 **neither** [ní:ðər]

접 A도 B도 아니다
어느 쪽의 …도 아니다
cf. We discussed neither subject.
우리는 어떤 문제도 토의하지 않았다.
☞ neither가 주어로 명사일 때는 단수 취급
대 (둘 중)어느 쪽도 …아니다
cf. I answered neither of the letters.
나는 그 두통의 편지 중 어느 쪽에도 답장을 쓰지 않았다.
부 (nor와 결합하여) A도 B도 아니다
cf. If she doesn't go there, neither will I.
그녀가 거기에 가지 않으면, 나도 가지 않을 것이다.

381 **nor** [nɔ:r]

접 (neither~ nor…) ~도 아니고 …도 아니다
cf. Her car isn't new. Nor is mine.
그녀의 차는 새 것이 아니다. 내 차도 새 것이 아니다.

181

The neighbors live far away from each other on this island.

이웃사람들이 이 섬에서는 각자가 멀리 떨어져 산다.

382 **neighbor** [néibər]

명 이웃사람, 가까이 사는 사람
* neighborhood 명 이웃, 인근
* neighboring 형 이웃의, 인근의

383 **island** [áilənd]

명 섬

182

The northern parts of this country are rather sunny.

이 나라의 북부지방은 구름 한 점 없는 편이다.

384 **northern** [nɔ́ːrðərn]
- 형 북쪽의(⇔southern 남쪽의)
- ＊ north 명 북쪽 / 형 북쪽의
- ＊ northwest 명 북서 / 형 북서의

385 **rather** [rǽðər/rɑ́ːðə]
- 부 다소, 오히려
- « would rather do A than do B B하기보다는 차라리 A를 하겠다

386 **sunny** [sʌ́ni]
- 형 햇빛이 드는
- ＊ sunlight 명 일광
- ＊ sunset 명 일몰
- ＊ sunshine 명 일광

183

Taking a shower before breakfast is his usual pattern.

아침식사 전에 샤워를 하는 것은 그의 일상적인 방식이다.

387 **usual** [júːʒuəl]
- 형 흔히 있는, 일상의
- « as usual 평상시처럼, 예외없이
- ＊ usually 부 보통, 대개

388 **pattern** [pǽtərn]
- 명 방식, 원형

184

He didn't have the patience to wait until the weekend.

그는 주말까지 기다리려는 인내심이 없었다.

389 □ **patience** [péiʃəns]
- 명 인내, 참음
- ＊ patient 형 참을성있는 명 환자
- ＊ patiently 부 끈기있게

390 □ **weekend** [wíːkènd]
- 명 주말
- ＊ weekly 형 매주의

185

The man near the door had a pale, square face.

문 가까이에 있는 그 남자는 창백한 사각형의 얼굴 모습이었다.

391 □ **pale** [peil]
- 형 (안색이) 창백한

392 □ **square** [skwɛər]
- 형 정방형의(⇔round 둥근)
- 명 정방형, 광장

186

Only twenty percent of the passengers survived the accident.

승객들 중에서 불과 20%만이 그 사고에서 살아남았다.

393 □ **percent** [pərsént]
- 명 퍼센트(%)
- ＊ percentage 명 백분율, 비율
- ☞ percent 앞에 수사가 나올 때
  percentage 수사 이외에 것이 나올 때

394 □ **survive** [sərváiv]
- 동 살아남다, 오래 살다
- ＊ survival 명 살아남음

187

The sun controls the planets moving along different paths around it.

태양은 주변의 여러 궤도를 따라 움직이는 행성들을 통제한다.

395 □ **planet** [plǽnit] — 명 혹성

396 □ **path** [pæθ] — 명 궤도, 진로

188

He is always quarreling with his wife about small matters.

그는 항상 사소한 문제에 대해서 아내와 말다툼을 한다.

397 □ **quarrel** [kwɔ́:rəl] — 동 말다툼하다 / 명 말싸움

398 □ **matter** [mǽtər] — 명 문제, 사태
cf. What's the matter with you?
어찌된 일인가?

189

A long dialogue took place between the two actors on stage.

무대에서 2명의 배우간에 긴 대화극이 진행됐다.

399 □ **dialogue** [dáiəlɔ̀:g] — 명 대화극(⇔monologue 독백), 대화

400 □ **stage** [steidʒ] — 명 무대, 연극 / 동 상연하다

190

A thin person always seems to be taller than he really is.

마른 사람은 항상 실제보다도 키가 더 커보인다.

401 ☐ **thin** [θin] — 형 마른, 가는(⇔thick 두꺼운)

402 ☐ **seem** [siːm] — 동 (…처럼) 보이다
* seemingly 부 외견상, 겉으로는

191

Some of the plates designed by the artist were in the shape of roses.

예술가에 의해 도안된 접시의 일부는 장미 모양이었다.

403 ☐ **plate** [pleit] — 명 접시(☞ dish 속이 깊은 접시)

404 ☐ **shape** [ʃeip] — 명 형태, 상태 / 동 모양짓다

192

He was brought up in pleasant surroundings.

그는 좋은 환경에서 자라났다.

405 ☐ **pleasant** [plézənt] — 형 쾌적한, 유쾌한(⇔unpleasant 불쾌한)
* pleased 형 기쁜, 만족스런
* pleasing 형 기쁘게 하는, 즐거운

406 ☐ **surroundings** [səráundiŋz] — 명 환경
* surround 동 둘러싸다

193

Though he was in danger of losing his life, he remained calm.

그는 생명을 잃을 위험에 처해 있었지만 침착했다.

407 □ **danger** [déindʒər]
명 위험, 위협
* dangerous 형 위험한(⇔safe 안전한)
* endanger 동 위험에 빠뜨리다

408 □ **remain** [riméin]
동 …한 상태로 있다, 남다, 머물다

194

You must hold your tongue and forget about the whole story.

너는 입을 다물고 이야기 전부를 잊어야 한다.

409 □ **tongue** [tʌŋ]
명 혀, 언어
« hold one's tongue 침묵을 하다
« mother tongue 모국어

410 □ **whole** [houl]
형 전체의
명 전부
« as a whole 전체적으로

195

He has a stomachache from taking the wrong stomach medicine.

그는 위장약을 잘못 먹어서 복통이 심하다.

411 **stomachache** [stʌ́məkèik]
- 명 복통
- ☞ headache 두통
- toothache 치통
- backache 등이 아픔

412 **stomach** [stʌ́mək]
- 명 위, 복부

196

International trade is the main issue of this year.

국제무역은 올해의 중요한 문제이다.

413 **trade** [treid]
- 명 무역, 거래
- « trade surplus 무역흑자
- 동 무역하다, 거래하다
- * trademark 명 상표

414 **issue** [íʃuː]
- 명 문제, 논점
- 동 발행하다, 출판하다

197

The problem of energy and pollution is an important political issue.

에너지와 오염의 문제는 중대한 정치문제이다.

415 □ **energy** [énərdʒi]
- 명 에너지, 정력
- ＊ energetic 형 정력적인

416 □ **pollution** [pəlúːʃən]
- 명 오염, 공해
- « noise pollution 소음공해
- ＊ pollute 동 더럽히다, 오염시키다

417 □ **political** [pəlítikəl]
- 형 정치(상)의
- « a political party 정당
- ＊ politically 부 정치적으로
- ＊ policy 명 정책

A cold head and a warm heart.

냉철한 머리와 따뜻한 가슴.

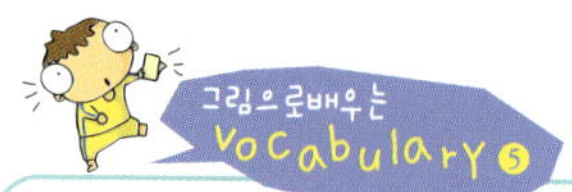

Places to Work

post office [poust ɔ́:fis]
* 우체국

bank [bæŋk] * 은행

hotel [houtél] * 호텔

store [stɔ:*r*] * 가게

coffee shop [kɔ́:fi ʃɑp]
* 커피숍

supermarket [sú:pə*r*mɑ̀:*r*kit]
* 수퍼마켓

theater [θí:ətə*r*] * 극장

restaurant [réstərənt] * 식당

Things (Road & House)

traffic lights [trǽfik laits]
＊ 신호등

newspaper [njú:zpèipər]
＊ 신문

film [film] ＊ 필름, 영화

alarm clock [əlɑ́:rm klɑk]
＊ 자명종

calendar [kǽləndər] ＊ 달력

camera [kǽmərə] ＊ 카메라

watch [wɑtʃ] ＊ 손목 시계

map [mæp] ＊ 지도

198

A tiny error in the computer system could lead to a horrible accident.

컴퓨터의 조그만 에러도 무서운 사고를 낳을 수 있다.

418 □ **error** [érər] — 명 잘못, 실수

419 □ **horrible** [hɔ́:rəbl] — 형 무서운
* horror 명 공포

199

Technology may have greatly developed, but pollution has become serious.

과학기술은 크게 발전하여 왔을지 모르지만 오염문제는 심각하게 되었다.

420 □ **technology** [teknáləd ʒi] — 명 과학기술
* technological 형 과학기술의

421 □ **serious** [síəriəs] — 형 중대한, 심각한
* seriously 부 심각하게, 진지하게
* seriousness 명 진지함, 심각함

200

Perhaps they will take a pause before discussing the problem.

아마도 그들은 그 문제를 토의하기 전에 잠시 휴식을 취할 것이다.

422 □ **perhaps** [pə:rhǽps] — 부 아마도, 혹시
☞ probably는 가능성이 낮다는 뜻

423 □ **pause** [pɔ:z] — 명 잠깐 휴식, 중단
동 잠시 쉬다, 멈추다

201

The job of a truck driver, however, can be very dangerous.

트럭 운전수 직업은, 하지만 매우 위험할 수 있다.

424 **truck** [trʌk]
명 트럭, 화물자동차

425 **however** [hauévər]
접 그러나
아무리 …일지라도

202

This custom is practiced nowhere else in the world.

이 관습이 실행되는 곳은 세계에서는 아무데도 없다.

426 **custom** [kʌ́stəm]
명 관습
* customary 형 습관적인, 관례의
* customer 명 (상점의)고객

427 **nowhere** [nóuhwὲər]
부 아무데도 …없다

203

We were given plenty of time to interview the President.

우리가 대통령과 면담할 시간은 많이 주어졌다.

428 **plenty** [plénti]
명 풍부함
« plenty of … 풍부한 …
* plentiful 형 풍부한

429 **president** [prézədənt]
명 대통령, 사장
* presidential 형 대통령의, 사장의

204

At the South Pole the horizon is covered with ice.

남극에서는 지평선이 얼음으로 덮여 있다.

430 **pole** [poul]
- 명 극, 봉
- « the North Pole 북극
- * polar 형 남[북]극의

431 **horizon** [həráizn]
- 명 지평선, 수평선
- * horizontal 형 수평의(⇔vertical 수직의)

205

He wears his suits with grace.

그는 우아하게 정장을 하고 있다.

432 **suit** [suːt]
- 명 정장, 양복
- 동 …에 적합하다
- * suitable 형 적당한, 알맞은

433 **grace** [greis]
- 명 우아함
- * graceful 형 우아한

206

An 'A' blood type person is said to be suited to marry an 'O' type person.

혈액형이 A인 사람은 O형인 사람과 결혼하는 것이 적합하다고 한다.

434 **blood** [blʌd]
- 명 피, 혈통
- * bleed 동 피를 흘리다

435 **marry** [mǽri]
- 동 결혼하다
- * marriage 명 결혼

207

Our brain sends messages to everywhere in our body.

우리의 뇌는 신체내의 모든 곳으로 정보를 보낸다.

436 **brain** [brein]
명 두뇌

437 **message** [mésidʒ]
명 정보, 전언

208

The man shook the boat that was tied up to the post on the shore.

그 남자는 해안가의 말뚝에 묶여 있던 배를 흔들었다.

438 **shake** [ʃeik]
동 흔들다, 움직이다(shake-shook-shaken)
명 떨림, 진동

439 **tie** [tai]
동 묶다, 매듭지다
« tie up 완전히 묶다
« tie together 함께 묶다

440 **shore** [ʃɔːr]
명 해안, 육지

209

All the garbage was thrown into a big hole.

모든 쓰레기는 커다란 구멍에 버려졌다.

441 □ **garbage** [gɑ́ːrbidʒ]
명 쓰레기
« a garbage truck 쓰레기수거차

442 □ **hole** [houl]
명 구멍, 궁지
cf. He found himself in a hole.
그는 궁지에 빠졌음을 알았다.

210

She communicated her friendship to the victims of the disaster.

그녀는 재난의 피해자에게 우정어린 마음을 전했다.

443 □ **communicate** [kəmjúːnəkèit]
동 전하다, 통신하다
* communication 명 전달, 통신

444 □ **victim** [víktəm]
명 피해자, 희생자
« fall a victim to …의 희생이 되다

211

The attack of the army frightened us to death.

군대의 습격이 우리를 놀라게 해서 까무러치게 했다.

445 □ **army** [ɑ́ːrmi]
명 군대, 육군
* arm 명 팔

446 □ **frighten** [fráitn]
동 두려워하게 하다
« frighten one to death 놀라서 까무러치게 하다

212

There are many poor folks suffering from a lack of daily bread.

일상식량의 부족으로 고생하는 불쌍한 사람들이 많다.

447 ☐ **folk** [fouk]
명 사람들
« folk dance 민속무용

448 ☐ **lack** [læk]
명 결핍, 부족
동 모자라다, 부족하다

213

She didn't appreciate the Oriental taste of the exhibition.

그녀는 그 전람회의 동양적인 맛을 감상하지 못했다.

449 ☐ **taste** [teist]
명 취미, 맛
동 맛을 보다
* tasty 형 맛이 나는

450 ☐ **exhibition** [èksəbíʃən]
명 전람회, 표시
* exhibit 동 보이다, 전시하다

214

The photographer focused her camera on the city in ruins.

사진작가는 폐허가 된 도시에 카메라의 초점을 맞추었다.

451 ☐ **focus** [fóukəs]
동 … 맞추다
명 초점, 초점거리

452 ☐ **ruin** [rú:in]
명 폐허, 파괴
동 파멸시키다

215

The poet is respected by people all over the world.

그 시인은 전 세계의 사람들의 존경을 받고있다.

453 ☐ **poet** [póuit]
- 명 시인
- * poetry 명 시, 운문
- * poem 명 시

454 ☐ **respect** [rispékt]
- 동 존경하다(⇔despise 경멸하다)
- 명 존경, 측면
- « in this respect 이런 측면에서
- * respectful 형 경의를 표하는, 예의바른

216

I have several important matters to settle.

나는 해결해야 할 몇 개의 중요한 문제가 있다.

455 ☐ **several** [sévərəl]
- 형 몇 개의, 몇 사람의
- « Several men, several minds. 십인십색
  - ☞ several, various 복수명사
- 대 몇 개, 몇 사람

456 ☐ **settle** [sétl]
- 동 해결하다, 정착케 하다
- * settlement 명 정착, 식민, 해결

217

I wasn't wise enough to know the value of good health.

나는 건강의 가치를 알 수 있을 만큼 현명하지 못했다.

457 **wise** [waiz]

형 현명한(⇔foolish 어리석은)
* wisdom 명 지혜
* wisely 부 현명하게

458 **value** [vǽlju:]

명 가치
« of value 가치가 있는
* valuable 명 귀중한

218

The pianist created heavenly music from that old broken instrument.

피아니스트는 오래되어 깨진 피아노에서 훌륭한 음악을 만들어 냈다.

459 **create** [kriéit]

동 창조하다, 창작하다
* creation 명 창조, 창작
* creative 형 독창적인

460 **instrument** [ínstrəmənt]

명 악기, 기계

219

Maybe the man was always prepared for death in the latter part of his life.

아마도 그 남자는 인생의 만년에 이르러 죽음을 대비하고 있었다.

461 □ **maybe** [méibi]
- 부 아마도, 혹시
- ☞ perhaps가 더 구어적임

462 □ **prepare** [pripέər]
- 동 준비하다
- * preparation 명 준비
- * preparatory 형 준비의

463 □ **latter** [lǽtər]
- 형 후반의, 후자의
- « the latter years of one's life (사람의) 만년(晩年)

220

Can you select the right card out of some cards wrapped in paper?

당신은 종이로 포장된 몇 장의 카드 중에서 올바른 카드를 가려낼 수 있습니까?

464 □ **select** [silékt]
- 동 선택해내다
- 형 선발하는
- * selection 명 선발

465 □ **wrap** [ræp]
- 동 …로 싸다, 포장하다

221

Everybody praises the restaurant for its delicious food.

누구나 그 레스토랑의 음식이 맛있다고 한다.

466 □ **praise** [preiz]
동 칭찬하다
명 칭찬

467 □ **delicious** [dilíʃəs]
형 맛이 좋은

222

I want to share this joy with her quietly.

나는 그녀와 조용히 이 기쁨을 나누고 싶다.

468 □ **joy** [dʒɔi]
명 기쁨
* joyful 형 기쁜

469 □ **quietly** [kwàiətli]
부 조용히
* quiet 형 고요한, 평온한 명 고요, 정적

223

The condition of this machine is relatively good.

이 기계의 상태는 비교적 양호하다.

470 □ **condition** [kəndíʃən]
명 상태, 조건

471 □ **relatively** [rélətivli]
부 비교적
상대적으로(⇔absolutely 절대적으로)
* relative 형 비교상의, 관계하는

224

She left a note saying that she would take a rest from work.

그녀는 일을 쉬겠다는 내용의 쪽지를 남겼다.

472 □ **note** [nout]
- 명 알리는 글, (짧은) 메모
- 동 주의하다, 글을 써서 남기다

473 □ **rest** [rest]
- 명 쉼, 휴식
- 동 쉬다, 멈추다
- 명 (the~) 나머지, 그 밖의 사람들

225

He worked hard, and thus succeeded.

그는 열심히 일해서 그 결과 성공했다.

474 □ **thus** [ðʌs]
- 부 그렇게 해서

475 □ **succeed** [səksíːd]
- 동 성공하다, 뒤를 잇다
- * success 명 성공, 합격
- * succession 명 연속, 계승

226

The feather in her hat matched the pin on her suit.

그녀의 모자에 달린 깃털은 양장에 달린 핀과 잘 어울렸다.

476 □ **feather** [féðər]
- 명 깃털
- « Birds of a feather flock together.
  유유상종

477 □ **match** [mætʃ]
- 동 조화를 이루다, 필적하다
- 명 성냥

227

After a long voyage, they jumped for joy to find land in the distance.

오랜 항해끝에, 그들은 멀리 떨어져 있는 육지를 발견하고 펄듯이 기뻐했다.

478 □ **voyage** [vɔ́iidʒ]
명 항해, 여행

479 □ **distance** [dístəns]
명 거리, 간격
« in the distance 멀리서
« at a distance 약간 떨어져서
* distant 형 먼, 떨어져 있는(⇔near 가까운)

228

The clerk was busy chasing papers that flew off his desk.

그 사무직원은 책상에서 흩어져 날아가 버린 서류들을 쫓아 다니느라 바빴다.

480 □ **clerk** [kləːrk]
명 사무원, 점원
« an office clerk 사무원
« a bank clerk 은행원

481 □ **chase** [tʃeis]
동 쫓다
명 추적

229

He responded to her letter and gave a polite reply.

그는 그녀의 편지를 받고 공손한 답장을 보냈다.

482 □ **respond** [rispánd]
동 답하다, 반응하다
* response 반응, 대답

483 □ **polite** [pəláit]
형 정중한, 예의바른
* politeness 예의바름, 정중

230

Public officials should give the people as many services as they can.

공무원은 국민에게 가능한 많은 봉사를 해야 한다.

484 □ **official** [əfíʃəl]
- 명 공무원
- 형 공공의, 공식의
- * office 명 사무소, 회사
- * officer 명 공무원, 역원, 경관, 장교

485 □ **service** [sə́ːrvis]
- 명 봉사, 서비스
- * serve 동 봉사하다, 복무하다

231

The new subway schedule will be posted next week.

지하철의 새로운 시간표가 다음주에 게시될 것이다.

486 □ **subway** [sʌ́bwèi]
- 명 지하철
- * submarine 명 잠수함 형 해저의, 바닷속의

487 □ **schedule** [skédʒu(ː)l]
- 명 시각표, 일정, 일정표
- « on schedule 일정에 맞추어
- 동 일정을 짜다

488 □ **post** [poust]
- 동 게시하다, 붙이다
- 명 지위, 부서 명 우편

232

We did not **wake** up to the seriousness of the **influence** of his blunder.

우리는 그의 실수의 심각한 영향력을 깨닫지 못했다.

489 □ **wake** [weik]
- 동 깨닫다, 깨우다
- * awake 동 깨우다, 깨다
- * awaken 동 깨우다

490 □ **influence** [ínfluəns]
- 명 영향
- 동 영향을 주다

233

She did not feel **relaxed** by the **vivid** memory of the accident.

그녀는 그 사고의 선명한 기억 때문에 마음이 편치 않았다.

491 □ **relax** [rilǽks]
- 동 마음을 풀다, 누그러지다
- * relaxation 명 완화, 누그러짐

492 □ **vivid** [vívid]
- 형 선명한, 생생한
- * vividly 부 생생하게, 선명하게

234

There are no **independent** countries that do not **depend** on other countries for something.

무언가를 위해 다른 국가에 의존하지 않는 독립국가는 없다.

493 □ **independent** [ìndipéndənt]
- 형 독립적인
- * independence 명 독립

494 □ **depend** [dipénd]
- 동 의존하다, …에 달려 있다
- * dependent 형 의존하는

235

The university did research on how sensitive the plant was to light.

대학은 그 식물이 빛에 얼마나 민감하게 반응하는지를 연구했다.

495 □ **research**
[risə́ːrtʃ]

명 연구, 조사
« do research on …에 대해 연구하다
동 연구하다, 조사하다

496 □ **sensitive**
[sénsətiv]

형 민감한, 감각적인
* sense 명 감각, 느낌
* sensible 형 분별력있는

Old wood best to burn, old wine to drink, old friends to trust, and old authors to read.

오래된 나무가 가장 잘 타고, 오래된 포도주가 마시기에 가장 좋으며, 오래된 친구가 가장 믿을 만하고, 연륜있는 저자의 작품이 가장 읽을 만하다.

가장 많이 출제되는

최·중·요·단·어

수능 영어시험에 가장 많이

나오는 단어 486개

236

Crimes always exist.

범죄는 언제나 존재한다.

497 □ **crime** [kraim]
- 명 범죄, 죄
- * criminal 형 범죄의 명 범인

498 □ **exist** [igzgíst]
- 동 존재하다, 생존하다
- * existence 명 존재, 생존

237

Brilliant students are curious about things.

머리가 좋은 학생들은 사물에 대한 호기심이 강하다.

499 □ **brilliant** [bríljənt]
- 형 우수한, 빛나는
- * brilliance 명 광택

500 □ **curious** [kjúəriəs]
- 형 호기심이 강한
- …을 알고 싶어하는
- * curiosity 명 호기심

238

A cool breeze blew over the stream.

서늘한 바람이 시냇물 위를 스쳐 지나갔다.

501 □ **breeze** [bri:z]
- 명 산들바람
- 동 산들바람이 불다

502 □ **stream** [stri:m]
- 명 시내, 흐름
- 동 (눈물 따위를) 흘리다

239

Happiness is hard to define.

행복을 정의하긴 어렵다.

503 **happiness** [hǽpinis]
- 명 행복
- ∗ happy 형 행복한
- ∗ happily 부 행복하게
- ∗ unhappy 형 불행한

504 **define** [difáin]
- 동 정의하다
- ∗ definition 명 정의, 한정
- ∗ definite 형 한정짓는, 일정한

240

Steel is made from iron.

강철은 철로 만들어진다.

505 **steel** [stiːl]
- 명 강철

506 **iron** [áiərn]
- 명 철, 다리미
- « an iron will 강철같이 굳은 의지

241

Men tend to argue a lot.

남성들은 논쟁을 많이 하는 경향이 있다.

507 **tend** [tend]
- 동 …하는 경향이 있다
- ∗ tendency 명 경향

508 **argue** [áːrgjuː]
- 동 논쟁하다
- 동 주장하다
- ∗ argument 명 논쟁

242

Let us pray for the release of the hostages.

인질의 석방을 위해 기도합시다.

509 □ **pray** [prei]
- 동 기도하다
- ＊ prayer [prɛər] 명 기도
- ＊ prayer [préiər] 명 기도하는 사람

510 □ **release** [rilí:s]
- 명 석방, 개봉
- 동 석방하다, 개봉하다

243

His poverty is the result of his laziness.

그의 빈곤은 게으름의 결과이다.

511 □ **poverty** [pávərti]
- 명 빈곤
- ＊ poor 형 가난한

512 □ **result** [rizʌ́lt]
- 명 결과, 성적
- « as a result 결과적으로
- « in the result 결국
- 동 …로 끝나다, …에 기인하다

244

A sofa is an item of furniture.

소파는 가구의 한 품목이다.

513 □ **item** [áitəm]
- 명 품목

514 □ **furniture** [fə́:rnitʃər]
- 명 가구
- ☞ 수를 셀 때는 a piece of furniture (가구 한 점)와 같이 사용한다

245

Wisdom is its own reward.

현명함은 그 자체가 보상이 된다.

515 ☐ **wisdom** [wízdəm]
명 현명함
* wise 형 현명한
* wisely 부 현명하게

516 ☐ **reward** [riwɔ́ːrd]
명 보상
동 보답하다

246

Give him a suitable task to do.

그에게 해야 할 적절한 임무를 주시오.

517 ☐ **suitable** [súːtəbl]
형 적당한, 알맞은
* suit 동 적합하다

518 ☐ **task** [tæsk]
명 업무, 일
« task force 기동부대

247

Advanced industry yields large profits.

진보된 산업은 높은 수익을 낳는다.

519 **advance** [ədvǽns]
동 진전하다

520 **industry** [índəstri]
명 산업, 근면
* industrial 형 산업의
* industrious 형 근면한

521 **yield** [ji:ld]
동 (이익을) 내다, 굴복하다
명 산출

522 **profit** [práfit]
명 이익
동 이익이 되다
* profitable 형 유익한

248

Memories of the funeral faded rapidly.

장례식의 기억들이 급속하게 희미해졌다.

523 **funeral** [fjú:nərəl]
명 장례

524 **fade** [feid]
동 희미해지다

525 **rapidly** [rǽpidli]
부 급속히
* rapid 형 급속한 명 급류

249

John's shirt was wet with sweat.

존의 셔츠는 땀으로 젖어 있었다.

526 □ **wet** [wet]
- 형 젖은
- « Wet Paint! 칠주의!
- 동 적시다 명 습기

527 □ **sweat** [swet]
- 명 땀
- 동 땀을 흘리다

250

The snow gradually melted in the warm mist.

눈이 서서히 따뜻한 안개 속에서 녹아버렸다.

528 □ **gradually** [grǽdʒuəli]
- 부 서서히
- * grade 명 등급
  동 등급을 매기다

529 □ **melt** [melt]
- 동 녹다

530 □ **mist** [mist]
- 명 안개

251

The grocery store has doubled its profits.

그 식료품점은 수익이 배로 증가했다.

531 □ **grocery** [gróusəri]
- 명 식료 잡화점

532 □ **double** [dʌ́bl]
- 동 배로 증가하다
- 형 2배의 명 2배

252

The Devil whispered evil ideas in his ear.

악마는 사악한 생각을 그의 귀에다 소곤댔다.

533 □ **whisper** [*h*wíspə*r*]
동 속삭이다
명 속삭임

534 □ **evil** [íːvəl]
형 사악한
명 악

253

The clumsy girl dropped her comb.

그 서투른 소녀는 빗을 떨어뜨렸다.

535 □ **clumsy** [klʌ́mzi]
형 서투른

536 □ **comb** [koum]
명 빗
동 빗다

254

Most religions recommend a plain lifestyle.

대부분의 종교는 소박한 생활양식을 권한다.

537 □ **religion** [rilídʒən]
명 종교
* religious 형 종교의

538 □ **recommend** [rèkəménd]
동 권하다, 추천하다
* recommendation 명 추천

539 □ **plain** [plein]
형 소박한, 솔직한, 보통의
명 평원, 평야

255

A leap year comes around in a 4-year cycle.

윤년은 4년 주기로 돌아온다.

540 □ **leap** [li:p]
- 명 비약, 뛰어오름
- « a leap year 윤년
- 동 뛰어넘다, 도약하다

541 □ **cycle** [sáikl]
- 명 주기, 자전거
- 동 자전거[오토바이]를 타고가다
- * cyclist 명 자전거를 타는 사람

256

Somebody threatened to kill me.

나를 살해하겠다고 협박하는 자가 있다.

542 □ **somebody** [sʌ́mbὰdi]
- 명 어떤 사람
- ☞ 의미는 someone과 같고, somebody가 좀더 구어적임.

543 □ **threaten** [θrétn]
- 동 위협하다
- * threat 명 위협

257

I'm very grateful for your invitation.

당신의 초대에 매우 감사드립니다.

544 □ **grateful** [gréitfəl]
- 형 감사하는
- * gratefully 부 감사하게도
- * gratitude 명 감사

545 □ **invitation** [invətéiʃən]
- 명 초대
- * invite 동 초대하다

258

I **beg** a **favor** of you.

나는 너에게 부탁이 있다.

546 **beg** [beg]
- 동 청하다, 간원하다, 구걸하다
- « I beg your pardon.
  용서를 빕니다, 다시 한 번 말씀해 주십시오.
- * beggar 명 거지

547 **favor** [féivər]
- 명 호의
- 동 호의를 보이다
- * favorite 형 마음에 드는

259

His idea is **extremely ridiculous**.

그의 생각은 너무나도 말도 안 된다.

548 **extremely** [ikstríːmli]
- 부 극단으로
- * extreme 형 극단적인, 말단의
- * extremity 명 극단

549 **ridiculous** [ridíkjuləs]
- 형 말도 안되는, 엉뚱한
- * ridicule 명 비웃음, 조소

260

His **theory applies** to **comedies** as well.

그의 이론은 희극에도 역시 적용된다.

550 **theory** [θíːəri]
- 명 이론
- * theoretical 형 이론상의

551 **apply** [əplái]
- 동 신청하다, 적용하다
- * application 명 적용

552 **comedy** [kámədi]
- 명 희극(⇔tragedy 비극)
- * comic 형 희극의

261

Are you willing to apply for this expedition?

당신은 이 탐험에 기꺼이 지원하시겠습니까?

553 **willing** [wíliŋ]
- 형 기꺼이 …하는
- * will 명 의지, 유언
- * willingly 부 기꺼이

554 **expedition** [èkspədíʃən]
- 명 탐험, 원정
- « make an expedition 원정하다, 탐험을 하다

262

Have you checked the weather chart?

당신은 기상도를 점검했습니까?

555 **check** [tʃek]
- 동 점검하다
- 명 점검

556 **chart** [tʃɑːrt]
- 명 도표, 차트
- « weather chart 기상도

263

After a while, even carrying something like a lamb can become a burden.

얼마 후에는, 새끼 양만한 것을 나르는 것 조차도 큰 짐이 될 수 있다.

557 **lamb** [læm]
- 명 새끼양

558 **burden** [bə́ːrdn]
- 명 큰 짐, 부담
- 동 짊어지다

264

He deliberately used the wrong phrase.

그는 일부러 잘못된 말씨를 사용했다.

559 **deliberately** [dilíbərətli]
- 부 고의로, 신중히
- * deliberate 형 고의적인, 신중한

560 **phrase** [freiz]
- 명 말씨, 구

265

The fat woman in this portrait is my mother.

이 초상화에 있는 뚱뚱한 여자가 나의 어머니이다.

561 **fat** [fæt]
- 형 뚱뚱한, 비만의
- 명 지방

562 **portrait** [pɔ́:rtrit]
- 명 초상화

266

The careless burglar dug his own grave.

그 경솔한 강도는 자신의 무덤을 팠다.

563 **dig** [dig]
- 동 (구멍을) 파다

564 **grave** [greiv]
- 명 묘, 무덤
- 형 중대한, 심각한
- * gravity 명 중력, 중대함

The real fault is to have faults and not to amend them.

진짜 결점은 자신의 결점을 알면서도 고치려고 노력하지 않는 것이다.

267

Our gymnasium is under construction.

우리의 체육관은 공사중이다.

565 gymnasium [dʒimnéiziəm] — 명 체육관

566 construction [kənstrʌ́kʃən] — 명 건설
* construct 동 건설하다

268

It is a civil affair of urgent importance.

그 것은 긴급을 요하는 중요한 국내문제이다.

567 civil [sívəl] — 형 시민의
* civilian 명 민간인

568 affair [əfɛ́ər] — 명 관심사, 사건

569 urgent [ə́:rdʒənt] — 형 긴급한
* urge 동 촉구하다
* urgency 명 긴급

570 importance [impɔ́:rtəns] — 명 중요
* important 형 중요한

269

The workers voted to go on strike.

근로자들은 투표를 하여 파업하기로 결정했다.

571 vote [vout] — 동 투표하다, 표결하다
명 투표, 표결

572 strike [straik] — 명 파업, 타격
동 치다, 타격을 가하다

270

The news spread throughout the entire nation.

그 소식은 전국으로 퍼져 나갔다.

573 □ **throughout** [θru:áut]
- 전 …의 전체에 걸쳐서
- 부 처음부터 끝까지

574 □ **entire** [intáiər]
- 형 전체의, 완전한
- * entirely 부 완전히

271

Margaret inherited a fortune from her aunt.

마가렛은 숙모로부터 재산을 물려받았다.

575 □ **inherit** [inhérit]
- 동 상속하다
- * inheritance 명 상속

576 □ **fortune** [fɔ́:rtʃən]
- 명 재산, 행운
- * fortunate 형 행운의
- * fortunately 부 운이 좋게도
- * unfortunate 형 불운의

272

He was very naughty in his childhood.

그는 어린 시절에는 심한 장난꾸러기였다.

577 □ **naughty** [nɔ́:ti]
- 형 장난의

578 □ **childhood** [tʃáildhùd]
- 명 유년시절
- * child 명 어린이
- * childish 형 어린애 같은
- * childlike 형 어린이다운

273

They called it the "Glorious Revolution."

그들은 그것을 "명예혁명"이라고 칭했다.

579 glorious [glɔ́:riəs]
- 형 영광스런
- * glory 명 영광

580 revolution [rèvəlú:ʃən]
- 명 혁명
- * revolutionary 형 혁명의

274

He was deaf from birth.

그는 태어나서부터 귀머거리였다.

581 deaf [def]
- 형 귀가 어두운

582 birth [bə:rθ]
- 명 탄생
- « by birth 태어나면서
- * birthday 명 생일

275

The conductor corrected the mistakes made by the violinist.

그 지휘자는 바이올리니스트가 저지른 실수를 바로 잡았다.

583 conductor [kəndʌ́ktər]
- 명 지휘자
- * conduct 명 행위
- 동 안내하다, 지휘하다, 행하다

584 correct [kərékt]
- 동 바로잡다, 정정하다
- 형 올바른
- * correction 명 정정, 수정

276

His chemical analysis was correct.

그의 화학 분석은 정확했다.

585 □ **chemical** [kémikəl]
형 화학의 명 화학제품
* chemistry 명 화학
* chemist 명 화학자, 약제사

586 □ **analysis** [ənǽləsis]
명 분석, 분야
* analyze 동 분석하다
* analyst 명 분석자

277

I was unable to answer the chemical symbol for copper.

나는 구리의 화학 기호를 대답할 수 없었다.

587 □ **unable** [ʌnéibl]
형 …할 수 없는
* inability 명 무능함

588 □ **copper** [kápər]
명 구리(화학기호 Cu)

278

The rod is about three meters in length.

그 낚싯대는 길이가 약 3미터이다.

589 □ **rod** [rad]
명 낚싯대

590 □ **length** [leŋkθ]
명 길이, 기장
* lengthen 동 길게 하다

279

All the merchants were against the new tax.

모든 상인들은 새로운 세금에 반대했다.

591 ☐ **merchant** [mə́:rtʃənt]
- 명 상인
- ＊ merchandise 명 상품

592 ☐ **tax** [tæks]
- 명 세금
- 동 과세하다

280

It is difficult to maintain a neutral attitude in any quarrel.

어떤 말다툼에서나 중립적인 태도를 유지하는 것은 어렵다.

593 ☐ **maintain** [meintéin]
- 동 유지하다
- ＊ maintenance 명 유지

594 ☐ **neutral** [njú:trəl]
- 형 중립의
- 명 중립국

281

These organs permit us to breathe.

이 기관들은 우리가 숨쉬는 것을 가능케 한다.

595 ☐ **organ** [ɔ́:rgən]
- 명 기관, 조직
- ＊ organize 동 조직하다
- ＊ organization 명 조직화, 조직

596 ☐ **permit** [pərmít]
- 동 허락하다
- 명 [pə́:rmit] 허가서, 면허
- ＊ permission 명 허가, 인가

282

We will arrange a charity bazaar soon.

우리는 자선바자회를 곧 준비할 것이다.

597 arrange [əréindʒ] — 동 정리하다, 준비하다
* arrangement 배열, 정리

598 charity [tʃǽrəti] — 명 자선, 자애, 자선사업
* charitable 자비심이 깊은

283

Moderate exercise serves to maintain weight.

적당한 운동은 체중을 유지하는 데 도움이 된다.

599 exercise [éksərsàiz] — 명 운동, 연습 / 동 운동하다, 훈련하다

600 serve [səːrv] — 동 역할을 하다, 봉사하다
* service 명 서비스, 봉사

601 weight [weit] — 명 무게
* weigh 동 …의 무게를 달다

284

You should always keep your nails neat.

항시 손톱을 단정히 유지해야 한다.

602 nail [neil] — 명 손톱, 못
« on the nail 즉석에서

603 neat [niːt] — 형 단정한, 산뜻한

285

They **defended** the fort **furiously**.

그들은 맹렬히 요새를 지켰다.

604 □ **defend** [difénd]
동 지키다, 변호하다
* defense 명 방어, 수비

605 □ **furiously** [fjúəriəsli]
부 맹렬히, 격노하게
* furious 형 격노하는

286

Creative talent cannot be **acquired**.

독창적인 재능은 획득될 수 있는 것이 아니다.

606 □ **creative** [kriéitiv]
형 독창적인, 창조력이 있는
* create 동 창조하다
* creation 명 창조, 창작
* creature 명 생물, 동물

607 □ **talent** [tǽlənt]
명 재능
* talented 형 재능있는

608 □ **acquire** [əkwáiər]
동 획득하다
* acquisition 명 획득, 습득
* acquired 형 획득한, 후천적인

287

I've never seen such a **splendid sunset**.

나는 그렇게 멋진 일몰을 본 적이 없다.

609 □ **splendid** [spléndid]
형 멋진, 빛나는
* splendor 명 빛남, 화려

610 □ **sunset** [sʌ́nsèt]
명 일몰
* sunlight 명 일광
* sunshine 명 햇빛

288

The war began to assume a new aspect.

전쟁은 새로운 양상을 띠기 시작했다.

611 ☐ **assume** [əsúːm]
- 동 (양상을) 띠다, … 인 체하다
- * assumption 명 가정, (임무를)인수

612 ☐ **aspect** [ǽspekt]
- 명 (사태의) 일면

289

Everybody felt a great pity for his misfortune.

모두가 그의 불행에 대해 깊은 동정심을 느꼈다.

613 ☐ **pity** [piti]
- 명 동정

614 ☐ **misfortune** [misfɔ́ːrtʃən]
- 명 불운, 불행
- « by misfortune 불운하게
- * fortune 명 행운, 재산

290

The plant takes root deep in soil.

그 식물은 땅속에 뿌리를 깊이 내린다.

615 ☐ **root** [ruːt]
- 명 뿌리
- « take root 뿌리를 박다
- « the root of the problem 문제의 핵심

616 ☐ **soil** [sɔil]
- 명 흙, 토양

291

The crime rate is low in the rural district.

농촌 지역에서는 범죄의 발생율이 낮다.

617 □ **rate** [reit]
- 명 비율, 가격
- 동 평가하다

618 □ **rural** [rú(ə)rəl]
- 형 농촌의(⇔urban 도회의) 농업의

619 □ **district** [dístrikt]
- 명 지구, 지대
- « an agricultural district 농업지대

292

This cord is far tougher than that string.

이 끈이 저 줄보다도 훨씬 더 강하다.

620 □ **tough** [tʌf]
- 형 강한, 질긴 난폭한
- « a tough criminal 난폭한 범인
- * toughness 명 강인함

621 □ **string** [striŋ]
- 명 줄, (악기의) 현, 끈
- 동 끈으로 묶다

293

Fold the chairs and lean them against the wall.

의자를 접어서 벽에 기대어 놓아라.

622 □ **fold** [fould]
- 동 접다

623 □ **lean** [li:n]
- 동 기대다
- 형 야윈

294

The great scientists pursued their inventions with passion.

위대한 과학자들은 열정을 갖고 발명품을 추구했다.

624 □ **invention** [invénʃən]
명 발명(품)
* invent 동 발명하다
inventor 명 발명가

625 □ **passion** [pǽʃən]
명 정열
* passionate 형 열렬한

295

We approached him to join our debate.

우리는 그가 우리의 토론에 참가할 수 있도록 다가갔다.

626 □ **approach** [əpróutʃ]
동 접근하다
명 접근

627 □ **debate** [dibéit]
명 토론, 논쟁
동 토론하다

296

The lightning rod is a marvelous invention.

피뢰침은 놀랄 만한 발명품이다.

628 □ **lightning** [láitniŋ]
명 번개
* lighten 동 밝히다, 점화하다

629 □ **marvelous** [mɑ́ːrvələs]
형 놀라운, 훌륭한
* marvel 동 경탄하다 명 경탄

297

It is useless seeking help from him.

그로부터 도움을 구해봐야 소용이 없다.

630 **useless** [jú:slis]
- 형 소용없는
- * use 동 사용하다 명 사용
- « of use 쓸모있는
- * useful 형 소용있는

631 **seek** [si:k]
- 동 구하다, 찾다

298

They saluted to the rhythm of the music.

그들은 음악의 리듬에 맞추어 경례를 했다.

632 **salute** [səlú:t]
- 동 경의를 표하다, …에게 인사하다
- 명 경례, 인사

633 **rhythm** [ríðm]
- 명 리듬, 율동

A learned blockhead is a greater blockhead than an ignorant one.

엉터리로 배운 사람은 아무것도 모르는 사람보다 훨씬 더 어리석다.

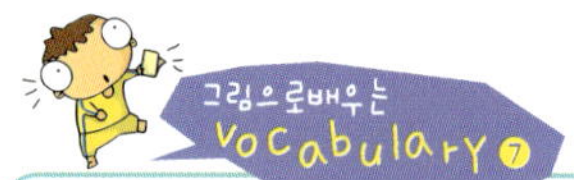

Classroom Commands

Stand up.
* 일어나세요

Open your book.
* 책을 펴세요

Quiet down.
* 조용히 하세요

Raise your hand.
* 손을 드세요

Look here!
* 여기를 보세요

Go to the board.
* 칠판으로 가세요

Close your book.
* 책을 덮으세요.

Sit down. * 앉으세요

Sports

basketball [bǽskitbɔ̀ːl]
* 농구

skiing [skíːiŋ] * 스키 타기

golf [gɑlf] * 골프

tennis [ténis] * 테니스

running [rʌ́niŋ] * 달리기

volleyball [vɑ́libɔ̀ːl]
* 배구

aerobics [ɛəróubiks]
* 에어로빅스

swimming [swímiŋ]
* 수영

299

His **pride** didn't **allow** him to give up.

그의 자존심이 포기하는 것을 허락하지 않았다.

634 □ **pride** [praid]
- 명 자존심
- « take pride in …을 자랑하다
- * proud 형 자랑으로 여기는
- * proudly 부 자랑스럽게

635 □ **allow** [əláu]
- 동 허락하다, 지급하다
- * allowance 명 수당

300

Mental workers need to do **physical** exercise.

정신근로자들은 육체운동을 할 필요가 있다.

636 □ **mental** [méntl]
- 형 정신적인(⇔physical 육체적인)
- * mentally 부 정신적으로
- * mentality 명 정신력

637 □ **physical** [fízikəl]
- 형 육체의, 물리적인
- * physically 부 육체적으로, 물리적으로
- * physicist 명 물리학자
- * physician 명 내과의사

301

The following story is a good illustration of the problem.

다음 이야기는 그 문제의 좋은 실례가 된다.

638 □ **following** [fάlouiŋ]
- 형 다음의
- * follow 동 따라가다, 이어지다

639 □ **illustration** [ìləstréiʃən]
- 명 실례, 삽화
- * illustrate 동 설명하다, 도해하다

302

The people who lived in the valley worshiped nature as god.

그 계곡에 사는 사람들은 자연을 신으로 숭배했다.

640 □ **valley** [vǽli]
- 명 계곡

641 □ **worship** [wə́:rʃip]
- 동 숭배하다, 존경하다
- 명 숭배, 존경
- * worshiper 명 숭배자

303

A wagon rattled on at a leisurely pace.

마차는 느긋한 속도로 덜거덕거리며 달렸다.

642 □ **rattle** [rǽtl]
- 동 덜거덕 소리내다
- 명 덜거덕 소리를 냄

643 □ **leisurely** [lí:ʒərli]
- 형 느긋한
- * leisure 명 틈, 여가

304

Excessive salt leads to high blood pressure.

과도한 염분섭취는 고혈압을 초래한다.

644 **excessive** [iksésiv]
형 과도한, 극단의
* excess 명 초과 형 초과의

645 **lead** [li:d]
동 (…로) 통하다, 이끌다
명 선두, 지도
* leader 명 지도자
* leadership 명 지도(력)

646 **pressure** [préʃər]
명 누름, 압력
* press 동 누르다

305

There are numerous ways to pursue happiness.

행복을 추구하는 방법은 여러가지가 있다.

647 **numerous** [njú:mərəs]
형 다수의
* innumerable 형 무수한

648 **pursue** [pərsú:]
동 추구하다, 수행하다
* pursuit 명 추구, 종사

306

When the boy was caught cheating, he made a nasty remark.

그 소년은 컨닝을 하다가 적발되자, 난잡한 변명을 늘어놓았다.

649 □ **cheat** [tʃiːt]
동 컨닝을 하다, 속이다
《구》 바람을 피우다

650 □ **nasty** [nǽsti]
형 불결한, 불쾌한

651 □ **remark** [rimáːrk]
명 발언, 의견
동 말하다
* remarkable 형 주목할 만한

307

His private life is literally wrapped in total mystery.

그의 사생활은 말 그대로 완전히 신비에 싸여 있다.

652 □ **private** [práivət]
형 사유의(⇔public 공공의)
개인적인
« in private 비밀리에
* privacy 명 사적 자유, 사생활

653 □ **literally** [lítərəli]
부 말 그대로, 글자뜻 그대로
* literal 형 문자의
* literature 명 문학

654 □ **total** [tóutl]
형 완전한, 전체의
* totally 부 완전히

655 □ **mystery** [místəri]
명 신비, 불가사의
* mysterious 형 신비한, 불가사의한

308

There were many infants among the refugees.

난민 중에는 유아들도 많이 있었다.

656 □ **infant** [ínfənt]
- 명 유아
- * infancy 명 유아기

657 □ **refugee** [rèfjudʒíː]
- 명 난민, 망명자
- * refuge 명 피난(처), 은신처

309

His study lifted the academic level in that field.

그의 연구는 그 분야에서의 학술적인 수준을 고양시켰다.

658 □ **lift** [lift]
- 동 들어올리다
- 명 (들어) 올리기

659 □ **level** [lévl]
- 명 수준, 고도
- 형 평평한
- 동 평평하게 하다

310

There is likely to be a tremendous storm in this area.

이 지역에 무서운 폭풍이 일어날 가능성이 있다.

660 □ **likely** [láikli]
- 형 …할 것 같은
- 부 아마도

661 □ **tremendous** [triméndəs]
- 형 엄청난, 거대한
- * tremendously 부 엄청나게

311

The experiment was done on the basis of his theory.

그 실험은 그의 이론에 기초하여 이루어졌다.

662	**experiment** [ikspérəmənt]	명 실험 동 실험하다
663	**basis** [béisis]	명 근거, 기초 * basic 형 기초의, 기본적인 * base 명 기초, (야구의)루

312

I envy him for his large vocabulary.

나는 그의 많은 어휘력을 부러워한다.

664	**envy** [énvi]	동 부러워하다, 시샘하다 명 시샘, 질투 * envious 형 부러워하는, 시샘하는
665	**vocabulary** [voukǽbjulèri]	명 어휘 « rich vocabulary 풍부한 어휘

313

Those birds are very noisy when they migrate to the south.

그 새들은 남쪽으로 이주할 때 매우 소란스럽다.

666	**noisy** [nɔ́izi]	형 소란스러운, 시끄러운 * noise 명 소리, 소음 « make a noise 소란을 피우다
667	**migrate** [máigreit]	동 이동하다 * migratory 형 이동하는

314

Manual labor has a masculine image.

육체노동은 남성적인 인상을 갖는다.

668	**manual** [mǽnjuəl]	형 손의 명 소책자 « manual labor 육체노동
669	**labor** [léibər]	명 노동, 애씀 * laborious 형 애를 쓰는
670	**masculine** [mǽskjulin]	형 남자다운, 남성의(⇔feminine 여성의) 남자의(manly)
671	**image** [ímidʒ]	명 인상, 이미지 * imagine 동 상상하다, 생각하다 * imagination 명 상상(력) * imaginative 형 상상력이 풍부한

315

The battle determined the fate of the kingdom.

그 전투는 왕국의 운명을 결정지었다.

672	**battle** [bǽtl]	명 전투, 전쟁 * battlefield 명 전장
673	**determine** [ditə́ːrmin]	동 결정하다, 결심하다 결심케 하다 * determination 명 결심, 결정
674	**fate** [feit]	명 운명 * fatal 형 치명적인, 운명을 좌우하는
675	**kingdom** [kíŋdəm]	명 왕국, «생물» 계

316

We can see the cattle in the pasture.

목장에서 소떼를 볼 수가 있다.

676 □ **cattle** [kǽtl]
명 소

677 □ **pasture** [pǽstʃər]
명 목초지, 목장
* pastoral 형 목가적인

317

He is always behaving in a childish manner.

그는 항상 어린애처럼 행동한다.

678 □ **behave** [bihéiv]
동 행동하다
* behavior 명 행실, 행동

679 □ **childish** [tʃáildiʃ]
형 어린애 같은, 유치한
* child 명 어린이
* childhood 명 유년시절
* childlike 형 어린애 같은, 순진한

318

People paid a sincere compliment to the ambassador.

사람들은 그 대사에게 진심어린 찬사를 보냈다.

680 □ **sincere** [sìnsíər]
- 형 진심어린, 성실한
- * sincerity 명 성실, 진심
- * sincerely 부 진심으로
- « Sincerely yours (Yours sincerely) 경구(편지의 맺음말)

681 □ **compliment** [kámpləmənt]
- 명 찬사, 아첨
- 동 찬사의 말을 하다

682 □ **ambassador** [æmbǽsədər]
- 명 대사
- * embassy 명 대사관

319

A label was attached to each parcel.

꼬리표가 각각의 소포에 붙여졌다.

683 □ **attach** [ətǽtʃ]
- 동 붙이다 첨부하다
- * attachment 명 부착, 부속품

684 □ **parcel** [pá:rsəl]
- 명 소포, 꾸러미

320

Genghis Khan extended his territory by conquest.

징기스칸은 정복으로 그의 영토를 확장했다.

685 □ **extend** [ikstέnd]
- 동 넓히다, 늘리다
- * extent 명 넓이, 정도
- * extension 명 연장, 확장

686 □ **territory** [tέrətɔ̀:ri]
- 명 영토
- * territorial 형 영토의

321

I finally reached the solution to the problem.

나는 마침내 그 문제의 해결에 이르렀다.

687 □ **finally** [fáinəli]
- 부 마침내, 최후로
- * final 형 최종의 명 결승전

688 □ **solution** [səlú:ʃən]
- 명 해결, 용해, 용액
- * solve 동 해결하다, 풀다

322

He tends to consider things in the abstract.

그는 사물을 추상적으로 생각하는 경향이 있다.

689 □ **consider** [kənsídər]
- 동 숙고하다, 간주하다
- * consideration 명 사려, 고찰
- * considerable 형 중요한

690 □ **abstract** [ǽbstrækt]
- 명 추상, 발췌
- « in the abstract 이론상, 추상적으로
- 형 추상적인(⇔concrete 구체적인)

323

I'm attending a formal party for the first time.

나는 공식적인 파티에 처음으로 참석할 것이다.

691 □ **attend** [ətέnd]
- 동 참석하다, 출석하다, 돌보다
- * attention 명 주의, 배려
- « pay attention to …에 주의를 두다
- * attendant 형 부수의 명 수행원
- * attendance 명 출석

692 □ **formal** [fɔ́:rməl]
- 형 공식의, 형식의
- * form 명 형태, 형식
- * formation 명 조직, 형성

324

The board will attend an informal meeting in Seoul.

그 위원회는 서울에서 열릴 비공식회의에 참석할 것이다.

693 □ **board** [bɔ:rd]
- 명 위원회, 널판지
- « on board (배·비행기·열차·차 등에)타고서

694 □ **informal** [infɔ́:rməl]
- 형 비공식의, 격식을 차리지 않는
- * informally 부 스스럼없이

325

He attempted to capture the insect in his palms.

그는 곤충을 손바닥으로 잡으려고 시도했다.

695 □ **attempt** [ətέmpt]
- 동 시도하다
- 명 시도, 기도

696 □ **capture** [kǽptʃər]
- 동 붙잡다, 점령하다
- 명 체포

697 □ **palm** [pɑ:m]
- 명 손바닥

It is more shameful to mistrust one's friends than to be deceived by them.

친구에게 배반당하는 것보다 친구를 불신하는 것이 더 수치스럽다.

326

Biological weapons are a serious threat to mankind.

생물병기는 인류에게 심각한 위협이 된다.

698 □ **biological** [bàiəlάdʒikəl]
- 형 생물학(상)의
- ∗ biology 명 생물학
- ∗ biologist 명 생물학자

699 □ **threat** [θret]
- 명 위협, 협박
- ∗ threaten 동 협박하다

700 □ **mankind** [mæ̀nkáind]
- 명 인류, 인간

327

Do you know the term "greenhouse effect"?

"온실효과"라는 용어를 아십니까?

701 □ **term** [təːrm]
- 명 전문용어, 기간
- « a medical term 의학용어
- « a term of office 임기

702 □ **greenhouse** [gríːnhàus]
- 명 온실
- « the greenhouse effect 온실효과

703 □ **effect** [ifékt]
- 명 효과, 결과
- « in effect 실제로
- ∗ effective 형 효과적인, 유효한, 실제의
- ∗ effectively 부 효과적으로, 유효하게

328

Heavy tax is charged on fur coats.

모피코트에는 중과세가 청구된다.

704 **charge** [tʃɑːrdʒ]
동 청구하다, 비난하다
명 요금, 비난
« free of charge 무료로
« on a charge of …의 혐의로

705 **fur** [fəːr]
명 모피, 모피제품

329

I am attracted by the inner meaning of this poem.

나는 이 시의 내면의 의미에 마음이 끌렸다.

706 **attract** [ətrǽkt]
동 매혹하다
* attraction 명 매력
* attractive 형 매력적인

707 **inner** [ínər]
형 내부의, 내면의

330

My greatest accomplishment this year is having learned how to sew.

올해 나의 가장 큰 성과는 바느질을 배웠다는 것이다.

708 □ **accomplishment** [əkɑ́mpliʃmənt]
명 달성, 공적
* accomplish 동 성취하다, 완성하다
* accomplished 형 숙달된, 교양있는

709 □ **sew** [sou]
동 꿰매다
☞ sow [sou] '씨뿌리다'와 동음이의어

331

Their attitude toward the rock musician is beyond my understanding.

록음악가에 대한 그들의 태도를 나는 이해할 수 없다.

710 □ **attitude** [ǽtitjù:d]
명 태도

711 □ **beyond** [bijɑ́nd]
전 뛰어넘어, …의 저쪽에
…을 지나서

332

He seldom gets the nod from his coach to play in the games.

그는 좀처럼 경기에 나가도록 그의 코치로부터 승낙을 받지 못한다.

712 □ **seldom** [séldəm]
부 좀처럼 …하지 않다

713 □ **nod** [nɑd]
명 끄덕임
동 끄덕이다

333

Our field was affected by the flood after sowing the crop.

우리밭은 작물의 씨를 뿌린 뒤에 홍수의 피해를 입었다.

714 **affect** [əfékt]
- 동 영향을 주다
- * effect 명 영향
- * affection 명 애정

715 **flood** [flʌd]
- 명 홍수
- 동 범람하다

716 **sow** [sou]
- 동 씨를 뿌리다
- ☞ [sau]로 발음하면 '암퇘지'의 뜻

334

The problem of acid rain was discussed at the international conference.

산성비의 문제가 국제 회의에서 토론되었다.

717 **acid** [ǽsid]
- 형 산성의 명 산
- « acid rain 산성비

718 **conference** [kánfərəns]
- 명 회의
- * confer 동 수여하다, 협의하다

335

It is absolute nonsense to believe him.

그의 말을 믿는 것은 완전히 말도 안 된다.

719 **absolute** [ǽbsəlù:t]
- 형 완전한, 절대적인
- * absolutely 부 절대적으로, 완전히

720 **nonsense** [nánsens]
- 명 무의미, 허튼 말

336

She doesn't have the ability to deal with such a complicated problem.

그녀는 그러한 복잡한 문제를 처리할 능력이 없다.

721 ☐ **ability** [əbíləti]
- 명 능력
- * able 형 할 수 있는
- * enable 동 …에게 가능성을 주다

722 ☐ **deal** [diːl]
- 동 처리하다, 거래하다
- 명 거래
- « a good deal of 상당히 많은
- * dealer 명 업자, 판매인

723 ☐ **complicated** [kɑ́mpləkèitid]
- 형 복잡한, 까다로운
- * complication 명 복잡

337

It is absurd to continue knocking on a toilet door that says "Occupied."

"사용중"이라고 적힌 화장실 문을 계속 두드리는 것은 터무니없는 짓이다.

724 ☐ **absurd** [əbsə́ːrd]
- 형 터무니없는, 불합리한
- * absurdity 명 불합리

725 ☐ **occupy** [ɑ́kjupài]
- 동 차지하다, 점령하다
- * occupation 명 직업, 점령

338

I accepted his challenge to eat a dozen pizzas.

나는 12개의 피자를 먹겠다는 그의 도전을 받아들였다.

726 □ **accept** [əksépt]
동 받아들이다, 수락하다
* acceptance 명 승인

727 □ **challenge** [tʃǽlindʒ]
명 도전
동 도전하다

728 □ **dozen** [dʌ́zn]
명 12개, 한 타스

339

You are crazy to sell your refrigerator.

너의 냉장고를 팔겠다니 제정신이 아니구나.

729 □ **crazy** [kréizi]
형 미친

730 □ **refrigerator** [rifrídʒərèitər]
명 냉장고

340

This medicine increases the smooth flow of blood.

이 약은 혈액의 순조로운 흐름을 증진시켜 준다.

731 □ **medicine** [médəsin]
명 약, 의학
* medical 형 의학의

732 □ **smooth** [smu:ð]
형 부드러운, 온화한
* smoothly 부 부드럽게, 순조롭게

733 □ **flow** [flou]
명 흐름
동 흐르다

341

I would rather pay in cash and not on account.

나는 오히려 신용 카드 결제가 아니라 현금으로 지불하고 싶습니다.

734 □ **cash** [kæʃ]
명 현금
동 현금으로 바꾸다

735 □ **account** [əkáunt]
명 은행구좌, 설명
« on account 신용카드 결제로
« on account of …때문에
동 설명하다, (…라고) 간주하다

342

It won't do to invest such a large sum of money on that project.

그 계획에 많은 양의 돈을 투자해도 소용이 없을 것이다.

736 □ **invest** [invést]
동 …에 투자하다
* investment 명 투자, 출자

737 □ **sum** [sʌm]
명 금액, 합계
동 …을 합계하다

343

This medicine is highly effective against pneumonia.

이 약은 폐렴에 상당히 효과가 있다.

738 □ **highly** [háili]
부 매우, 고도로
* high 형 높은, 높이가 …의

739 □ **effective** [iféktiv]
형 효과적인
* effect 명 결과, 효과

740 □ **pneumonia** [njumóunjə]
명 폐렴

344

The mother hid the Santa costume away in the back of the drawer until next year.

어머니는 다음해까지 서랍의 뒤에다가 산타의 의복을 숨겨 놓았다.

741 □ **costume** [kástjuːm] — 명 복장

742 □ **drawer** [drɔːər] — 명 서랍, 장롱

345

A vast amount of money was invested in the enterprise.

엄청난 액수의 돈이 그 사업에 투자되었다.

743 □ **vast** [væst] — 형 광대한, 거대한

744 □ **amount** [əmáunt] — 명 액, 양 / 동 합계 …이 되다

346

Nothing can be achieved without a lot of effort and a bit of luck.

많은 노력과 조금의 운 없이는 어떤 일도 달성될 수 없다.

745 □ **achieve** [ətʃíːv] — 동 …을 달성하다
* achievement 명 달성, 업적

746 □ **effort** [éfərt] — 명 노력
« a good effort 성과가 훌륭함

747 □ **bit** [bit] — 명 작은 조각, 소량
« a bit 조금, 약간
« a bit of 소량의…

347

Cooperation from all sides is vital for the nation's economic recovery.

국가의 경제회복을 위해서는 모든 방면에서의 협동이 절대 불가결하다.

748 □ **cooperation** [kouɑ̀pəréiʃən]
명 협력, 협동조합
* cooperate 동 협력하다
* cooperative 형 협동의

749 □ **vital** [váitl]
형 절대 불가결의, 생명의
* vitality 명 생명력, 활력

750 □ **economic** [èkənɑ́mik]
형 경제의, 경제학의
* economy 명 절약, 경제
* economics 명 경제학
* economical 형 경제적인, 헛됨없는

348

The critic made a brief comment on the present economic crisis.

그 평론가는 현재의 경제위기에 관한 간단한 의견을 말했다.

751 □ **critic** [krítik]
명 평론가, 비평가
* criticism 명 비평, 평론

752 □ **brief** [bri:f]
형 짧은, 간결한
* brevity 명 간결

753 □ **comment** [kɑ́ment]
명 평론, 비평
동 평론하다

754 □ **crisis** [kráisis]
명 위기, 갈림길
* critical 형 위기의, 비평의

349

Big changes have occurred in the nation's economy during the past decade.

지난 10년간 국가경제에 있어서 대변동이 일어났다.

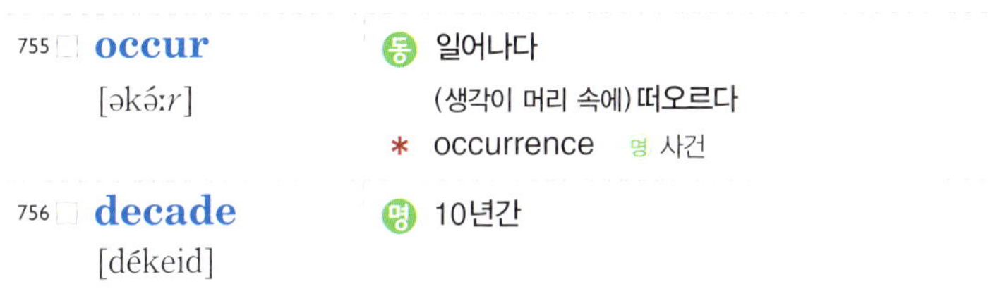

755 □ **occur** [əkə́:r]
동 일어나다
(생각이 머리 속에) 떠오르다
* occurrence 명 사건

756 □ **decade** [dékeid]
명 10년간

350

As the road bends to the right, beautiful mountains will emerge before you.

도로가 오른쪽으로 굽어지면서 아름다운 산들이 당신 앞에 펼쳐질 것이다.

757 □ **bend** [bend]
동 구부러지다
(시선 등을) 돌리다

758 □ **emerge** [imə́:rdʒ]
동 나타나다
* emergency 명 긴급사태

351

The government **authorities** **declared** a state of emergency.

정부당국은 긴급 사태를 선포했다.

759 ☐ **authority** [əθɔ́ːrəti]
명 권위, 대가
* authorize 동 …에게 권위를 부여하다

760 ☐ **declare** [diklɛ́ər]
동 …을 선언하다
* declaration 명 선언

352

He was **absorbed** in his work and was **unaware** of my **presence**.

그는 그의 일에 몰두하고 있었고 내가 와 있는 것을 알지 못했다.

761 ☐ **absorb** [əbzɔ́ːrb]
동 …을 열중케 하다, …을 흡수하다
* absorption 명 흡수, 열중

762 ☐ **unaware** [ʌ̀nəwɛ́ər]
형 …을 눈치채지 못하는
…을 모르는

763 ☐ **presence** [prézns]
명 존재, 출석
* present 형 출석한, 현재의
명 현재

No matter how high the mountain, it is just a mountain beneath the heavens. Keep climbing and climbing and you can reach the peak. But no one climbs, everyone sighing instead at the mountain's height.

태산이 높다 하되 하늘 아래 뫼이로다. 오르고 또 오르면 못 오를 리 없건마는 사람이 제 아니 오르고 뫼만 높다 하더라.

353

The author of this novel is a celebrated figure representing the younger generation.

이 소설의 저자는 젊은 세대를 대표하는 저명한 인물이다.

764 □ **author** [ɔ́:θər]
- 명 저자, 작가
- ＊ authorize 동 …에게 권위를 부여하다

765 □ **novel** [nάvl]
- 명 (장편)소설
- « a historical novel 역사소설
- 형 새로운, 기발한

766 □ **figure** [fígjər]
- 명 인물, 모습
- 동 …을 머리 속에 그리다

767 □ **represent** [rèprizént]
- 동 …을 대표하다, …을 표현하다
- ＊ representation 명 표현, 대표
- ＊ representative 명 대표자

354

Since I am bigger than average, it is uncomfortable for me to sleep in a regular-sized bed.

내가 표준보다 몸집이 크기 때문에, 보통 크기의 침대에서 자는 것이 불편하다.

768 □ **average** [ǽvəridʒ]
- 명 표준, 평균
- « on the [an] average 평균해서
- 형 평균의
- 동 …을 평균하다

769 □ **uncomfortable** [ʌ̀nkʌ́mfərtəbl]
- 형 불편한
- ＊ comfortable 형 편한
- ＊ comfort 명 안락

355

I am convinced that I saw a miracle.

기적을 보았다고 난 확신하고 있다.

770 □ **convince** [kənvíns]
- 동 …을 확신시키다, …을 납득시키다
- « be convinced of …을 확신하다
- * conviction 명 설득, 확신
- * convincing 형 설득력 있는

771 □ **miracle** [mírəkl]
- 명 기적
- * miraculous 형 기적적인

356

The dam has a large capacity and provides us with plenty of water.

그 댐은 저수 용량이 크기 때문에 풍부한 물을 공급해 준다.

772 □ **capacity** [kəpǽsəti]
- 명 수용력, 용량

773 □ **provide** [prəváid]
- 동 …을 공급하다
- * provision 명 공급, 준비
- * provided, providing 접 만약 …이라면

357

He was acting casually but maybe he felt uneasy being with us.

그는 아무렇지 않게 행동했지만 아마도 우리와 함께 있어서 초조해하는 것 같았다.

774 □ **casually** [kǽʒuəli]
- 부 우연히, 아무 생각 없이
- * casual 형 우연의, 격식을 차리지 않는

775 □ **uneasy** [ʌní:zi]
- 형 불안한

358

He never ceased to count his blessings even in times of misfortune.

그는 불행한 때에도 행복을 생각하는 것을 그만두지 않았다.

776 □ **cease** [siːs]
- 동 그만두다
- 명 중지

777 □ **blessing** [blésiŋ]
- 명 신의 축복, 행복
- * bless 동 …을 축복하다
- * blessed 형 축복받은

359

Will you weigh what is contained in the box?

상자에 무엇이 들었는지 무게를 달아 보겠어요?

778 □ **weigh** [wei]
- 동 …의 무게를 재다
- * weight 명 무게, 체중

779 □ **contain** [kəntéin]
- 동 …을 포함하다
- * container 명 용기, 콘테이너

360

This liquid food contains a lot of vitamins and minerals.

이 유동식은 많은 비타민과 광물질을 함유하고 있다.

780 □ **liquid** [líkwid]
- 형 액체의 명 액체
- « liquid food 유동식
- * liquor 명 알콜음료, 술

781 □ **vitamin** [váitəmən]
- 명 비타민

782 □ **mineral** [mínərəl]
- 명 광물, 미네랄

361

Liquor is not available and therefore should be eliminated from the list.

알콜 음료는 구입할 수 없으므로 목록에서 제거되어야 한다.

783 □ **available** [əvéiləbl]
형 이용할 수 있는, 쓸모있는
* avail 동 …의 도움이 되다

784 □ **therefore** [ðέərfɔ̀ːr]
부 따라서, 그 결과
* thereafter 부 그 후는

785 □ **eliminate** [ilímənèit]
동 …을 제거하다
* elimination 명 제외

362

People would be confused if not given an accurate answer.

사람들은 정확한 답변이 주어지지 않으면 당황하게 될 것이다.

786 □ **confuse** [kənfjúːz]
동 혼란시키다, 당황하게 하다
* confusion 명 혼란, 혼동

787 □ **accurate** [ǽkjurət]
형 정확한
* accuracy 명 정확성

363

I had a strong conviction that the thief was hiding in that flat.

나는 그 도둑이 저 아파트에 숨어 있었다고 확신했다.

788 **conviction** [kənvíkʃən]
명 확신, 설득력
* convince 동 …을 납득시키다, …을 확신시키다

789 **thief** [θiːf]
명 도둑
* theft 명 도둑질

790 **flat** [flæt]
명 평면, 아파트
형 평평한, 펑크난
* flatten 동 …을 평평하게 하다

364

The court operates to find the truth in criminal cases.

법원은 범죄사건의 진실을 밝혀내는 일을 한다.

791 **court** [kɔːrt]
명 법정, (C-) 궁정

792 **operate** [ɑ́pərèit]
동 …을 운전하다, 작용하다
* operation 명 운전, 작용, 수술
* operator 명 운전자, 전화교환수

365

I can't believe that they are in conflict because I just saw them embrace.

나는 그들이 포옹하는 모습을 방금 봤기 때문에 다투고 있다는 것은 믿을 수 없다.

793 □ **conflict** [kánflikt]
명 투쟁, 충돌
동 싸우다

794 □ **embrace** [imbréis]
동 껴안다
명 포옹

366

At the core of an animal cell, there is a part called the nucleus.

동물세포의 중심부에는 세포핵이라고 불리는 부분이 있다.

795 □ **core** [kɔːr]
명 핵심
« to the core 속속들이, 철저하게

796 □ **cell** [sel]
명 작은 방, 세포
* cellular 형 세포의

367

He concluded that the thief must have removed the stolen goods to another place.

그는 그 도둑이 장물을 다른 곳으로 옮겼음이 틀림없다는 결론을 내렸다.

797 □ **conclude** [kənklúːd]
동 …라고 결론을 내리다
* conclusion 명 결론
* conclusive 형 결정적인

798 □ **remove** [rimúːv]
동 이동시키다, 제거하다
명 퇴거, 이사
* removal 명 이동, 해임

368

He was not conscious that he could be blamed for the situation.

그는 그 상황 때문에 비난받을 수도 있다는 것을 의식하지 못했다.

799 □ **conscious** [kánʃəs]
- 형 의식적인
  …을 의식하여
- * consciously 부 의식적으로
- * consciousness 명 의식

800 □ **blame** [bleim]
- 동 비난하다
- 명 비난

801 □ **situation** [sìtʃuéiʃən]
- 명 상황, 위치
- * situated 형 …에 위치해 있는

369

The effects of industrial progress are visible to all eyes.

공업 발전의 결과는 모든 사람의 눈에 명백히 드러난다.

802 □ **progress** [prágrəs]
- 명 진보, 전진
- * progression 명 전진
- * progressive 형 진보적인, 진행하는

803 □ **visible** [vízəbl]
- 형 눈에 보이는, 명백한
- * visibility 명 눈에 보임

370

My life of misery began when I crashed my car into that man's house last spring.

나의 불행한 인생이 시작된 것은 작년 봄에 차로 그 사람의 집을 들이받았을 때였다.

804 □ **misery** [mízəri]
명 참혹함, 비참
∗ miserable 형 참혹한

805 □ **crash** [kræʃ]
동 추락하다, 충돌하다
명 충돌, 추락

371

How dare you cancel this contract without notice?

어떻게 감히 알리지도 않고 이 계약을 취소합니까?

806 □ **dare** [dɛər]
조 굳이 …하다
« How dare …? 어떻게 …할 수 있나?

807 □ **cancel** [kǽnsəl]
동 취소하다

808 □ **contract** [kántrækt]
명 계약
동 계약하다

372

We made a draft for a new transportation system between the two cities.

우리는 두 도시간에 생길 새로운 수송체계의 설계도를 작성했다.

809 □ **draft** [dræft]
명 초안
동 …을 기안하다

810 □ **transportation** [trænspɔːrtéiʃən]
명 수송, 교통
∗ transport 동 …을 수송하다

373

Social science has various branches such as economics and politics.

사회 과학은 경제학과 정치학 같은 여러 분야가 있다.

811 **various** [vέəriəs]
형 여러가지의, 다양한
* vary 동 …을 바꾸다, 다르다
* variation 명 변화
* variety 명 종류, 변화

812 **economics** [èkənámiks]
명 경제학
* economist 명 경제학자

813 **politics** [pálətiks]
명 정치(학), 정책
* policy 명 정책, 방침
* political 형 정치(상)의
* politician 명 정치가

374

The elderly lady greeted me in an elegant manner.

중년의 부인은 우아한 모습으로 내게 인사를 했다.

814 **elderly** [éldərli]
형 초로의
* elder 형 연상의

815 **elegant** [éligənt]
형 우아한, 품위있는
* elegance 명 우아, 품위

375

I made a decision never to fall asleep no matter how dull the class was.

나는 그 수업이 아무리 따분하더라도 결코 잠자지 않겠다고 결심했다.

816 □ **decision** [disíʒən]
명 결정, 결심
* decide 동 …로 정하다
* decisive 형 결정적인

817 □ **dull** [dʌl]
형 둔한
지루한
* dullness 명 둔함, 지루함

376

The employees tried to organize a labor union.

직원들은 노조를 결성하려고 애썼다.

818 □ **employee** [implɔ̀iíː]
명 종업원
* employ 동 …을 고용하다
* employer 명 고용주

819 □ **organize** [ɔ́ːrgənàiz]
동 …을 조직하다
* organ 명 …기관, 조직
* organization 명 조직, 기구

377

He was eager to listen to the professor's lecture about poetry.

그는 시에 관한 그 교수의 강의를 간절히 듣고 싶어했다.

820 □ **eager** [íːgər]
- 형 열망하는
- * eagerly 부 열심히
- * eagerness 명 열심, 열망

821 □ **professor** [prəfésər]
- 명 (대학의) 교수

822 □ **lecture** [léktʃər]
- 명 강사
- 동 강의하다

823 □ **poetry** [póuitri]
- 명 시, 운문
- * poet 명 시인
- * poem 명 시

378

I will wait a fortnight and that's the limit.

나는 2주간은 기다릴 것이며 그것이 한도이다.

824 □ **fortnight** [fɔ́ːrtnàit]
- 명 2주간, 14일

825 □ **limit** [límit]
- 명 한계, 제한
- « without limit 한없이
- 동 …을 제한하다, 한정하다
- * limited 형 제한된, 충분치 않은
- * limitation 명 한정, 한계

A bad workman always blames his tools.

서투른 목수가 대패 탓만 한다.

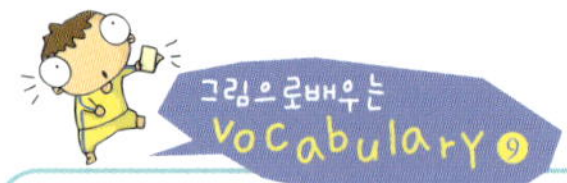

Leisure Activities

hiking [háikiŋ] * 도보 여행

biking [báikiŋ] * 자전거 타기

rollerblading [róulərblèidiŋ] * 롤러블레이드 타기

fishing [fíʃiŋ] * 낚시질

collecting [kəléktiŋ] * 모으기

skateboarding [skéitbɔ̀ːrdiŋ] * 스케이트보드 타기

dancing [dǽnsiŋ] * 무용

swimming [swímiŋ] * 수영

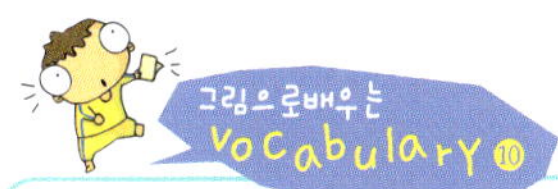

Personal Items

fax machine
∗ 팩스기계

TV ∗ 텔레비전

computer [kəmpjúːtər]
∗ 컴퓨터

camcorder [kǽmkɔ̀ːrdər]
∗ 캠코더

CD player
∗ CD 재생기

laptop [lǽptɑ̀p]
∗ 휴대용 컴퓨터

VCR
∗ 비디오 카세트 리코더

remote control
∗ 리모콘

379

I **eventually** found out what was **bothering** her.

나는 마침내 무엇이 그녀를 괴롭히는지를 알아냈다.

826 ☐ **eventually** [ivéntʃuəli]
- 부 결국은
- ＊ eventual 형 최종적인

827 ☐ **bother** [báðər]
- 동 …을 괴롭히다
- 명 성가심

380

A **firm** ground is an important **element** in construction work.

건축 공사에 있어서 견고한 지면은 중요한 요소가 된다.

828 ☐ **firm** [fəːrm]
- 형 굳은
- 부 확고하게
- 명 회사
- ＊ firmly 부 굳게, 확고하게

829 ☐ **element** [éləmənt]
- 명 요소, 원소
- ＊ elementary 형 초보의

381

She likes to read science **fiction** but I prefer **essays**.

그녀는 과학소설을 좋아하지만 난 수필을 더 좋아한다.

830 ☐ **fiction** [fíkʃən]
- 명 소설
- « science fiction 공상 과학소설
- ＊ fictional 형 소설의, 가공의

831 ☐ **essay** [ései]
- 명 수필, 에세이
- ＊ essayist 명 수필가

382

He is fortunate to be able to use his father's car whenever he likes.

그는 그가 원하면 언제든지 자기 아버지의 차를 이용할 수 있어 다행이다.

832 □ **fortunate** [fɔ́ːrtʃənit]
- 형 행운의
- ＊ fortune 명 행운, 재산

833 □ **whenever** [hwenévər]
- 접 …할 때는 언제라도
- 부 도대체 언제
- « Whenever did he marry her? 도대체 언제 그는 그녀와 결혼했니?

383

The jigsaw puzzle will be complete when I fit in this last piece.

내가 이 마지막 한 조각을 맞추어 넣으면 이 그림 조각 맞추기는 완성될 것이다.

834 □ **puzzle** [pʌ́zl]
- 명 수수께끼, 퍼즐
- « a jigsaw puzzle 그림조각 맞추기

835 □ **fit** [fit]
- 동 맞다, …에 맞추다
- 형 …에 어울리는

384

This organization was founded as a result of a peace treaty between the two countries.

두 나라 사이의 평화 협정의 결과로 이 조직이 창설되었다.

836 □ **found** [faund]
- 동 …을 설립하다, 창설하다
- ＊ foundation 명 창립, 토대

837 □ **treaty** [tríːti]
- 명 조약, 협정

385

The way to educate people varies from society to society.

사람들을 교육하는 방법은 사회마다 다양하다.

838 □ **educate** [édʒukèit]
- 동 …을 교육하다
- * education 명 교육
- * educational 형 교육의, 교육적인

839 □ **vary** [vέəri]
- 동 바뀌다, 다르다
- * variety 명 변화
- « a variety of 여러가지의
- * various 형 여러가지의, 다양한
- * variation 명 변화

840 □ **society** [səsáiəti]
- 명 사회, 협회
- * social 형 사회의, 사회적인

386

We elected Mr. Smith to represent us in this year's congress.

우리는 금년도의 대회에서 우리를 대표하도록 스미스씨를 선출했다.

841 □ **elect** [ilékt]
- 동 선출하다, 선거하다
- 명 (the~) 특권 계급
- * election 명 선거

842 □ **congress** [káŋgris]
- 명 대회, 국회, (C-) (미국의) 의회
- *cf.* Parliament 영국의 의회
- the Diet 일본·덴마크의 국회

387

His feverish singing embarrassed the audience.

그의 열광적인 노래가 청중을 당황하게 만들었다.

843 □ **feverish** [fíːvəriʃ]
형 열이 있는, 열광적인
* fever 명 열, 열병
* feverishly 부 열광적으로

844 □ **embarrass** [imbǽrəs]
동 …을 당황하게 하다
* embarrassment 명 당혹

388

It is essential for him to take as much nourishment as possible.

그가 가능한 많은 영양분을 섭취하는 것이 절대적으로 필요하다.

845 □ **essential** [isénʃəl]
형 필수의, 본질적인
* essence 명 본질

846 □ **nourishment** [nəːriʃmənt]
명 영양분
* nourish 동 …을 키우다

389

The equipment was recommended as an essential item for the household.

그 비품은 가정에 없어서는 안 될 필요한 품목으로 권장되었다.

847 □ **equipment** [ikwípmənt]
명 준비, 장비
* equip 동 …을 장비하다

848 □ **household** [háushòuld]
명 가족, 세대

390

The teacher emphasized artistic instinct when taking pictures.

그 선생님은 사진을 찍을 때 예술적인 직관을 강조했다.

849 □ **emphasize** [émfəsàiz]
- 동 …을 강조하다
- ＊ emphasis 명 강조
- ＊ emphatically 부 강조하여

850 □ **artistic** [ɑːrtístik]
- 형 예술적인, 미술적인
- ＊ art 명 예술, 미술
- ＊ artist 명 예술가, 화가

851 □ **instinct** [ínstiŋkt]
- 명 본능, 직관
- ＊ instinctive 형 본능적인, 직관적인

391

I feel honored to be given such a wonderful gift.

나는 그렇게 훌륭한 선물을 받게 되어 영광스럽다.

852 □ **honor** [ánər]
- 동 …에게 명예를 주다, 존경하다
- 명 명예, 존경, (H-) 각하
- « in honor of …을 기념하여, …에 경의를 표하여
- ＊ honorable 형 존경할 만한

853 □ **gift** [gift]
- 명 선물, 선천적인 재능

392

The unfortunate philosopher won fame in history.

그 불행한 철학자는 역사상에서는 명성을 얻었다.

854 **unfortunate** [ʌ̀nfɔ́ːrtʃənət]
- 형 불행한
- * unfortunately 부 불행히도
- * fortune 명 행운, 재산
- * fortunately 부 다행히도
- * misfortune 명 불행

855 **fame** [feim]
- 명 명성, 평판
- * famous 형 유명한
- * infamous 형 악명높은

393

This Foundation works for the benefit of unfortunate people.

이 재단은 불행한 사람들을 위해 일을 한다.

856 **foundation** [faundéiʃən]
- 명 창립, 설립
- * found 동 …을 설립하다, 창설하다

857 **benefit** [bénəfit]
- 명 이익
- « for the benefit of …을 위하여
- 동 …에게 이롭다
- * beneficial 형 이익의

394

The townspeople decided that the location of the fountain should be a historic site.

마을 사람들은 분수대가 있는 장소가 유적지로 되어야 한다고 결정했다.

858 □ **location** [lòukéiʃən]
명 위치, 장소
* locate 동 …을 두다, …의 위치를 나타내다

859 □ **fountain** [fáuntən]
명 샘, 분수

860 □ **historic** [histɔ́:rik]
형 역사적인
* historical 형 역사의

861 □ **site** [sait]
명 (건물 따위) 용지, 장소, 유적
☞ cite (인용하다), sight (시력, 광경)와 동음이의어

395

I was deeply impressed by his keen sense of justice.

나는 그의 열렬한 정의감에 깊이 감동받았다.

862 □ **impress** [imprés]
동 …에게 감명을 주다
명 인상, 감명
* impression 명 인상, 감명

863 □ **keen** [ki:n]
형 열렬한, 날카로운

864 □ **sense** [sens]
명 감각, 느낌, 분별
* sensitive 형 민감한
* sensible 형 분별있는

865 □ **justice** [dʒʌ́stis]
명 정의, 공평, 재판
* justify 동 …을 정당화하다

396

As the gas spread downstairs, we were trapped in the attic.

가스가 아래층으로 퍼지면서, 우리는 다락방에 갇혔다.

866	**gas** [gæs]	명 기체, 가스 *cf.* solid 고체, liquid 액체
867	**downstairs** [dàunstέərz]	부 아래층에 명 아래층
868	**trap** [træp]	동 …을 함정에 빠뜨리다 명 덫, 함정

397

Gazing up at the sky, I felt that a miracle might happen.

하늘을 빤히 쳐다보니, 기적이 일어날지도 모른다는 생각이 들었다.

869	**gaze** [geiz]	동 주시하다 명 주시
870	**might** [mait]	조 (may의 과거형) …일지도 모른다 명 힘, 권력

398

Frankly speaking, I believe he should be sent to jail.

솔직히 말하면, 난 그가 감옥에 갈 것이라고 믿는다.

871	**frankly** [frǽŋkli]	부 솔직히 « frankly speaking 솔직히 말하면
872	**jail** [dʒeil]	명 형무소, 감옥

399

The company announced that they would no longer be making that pesticide.

회사는 그 살충제를 더이상 만들지 않겠다고 발표했다.

873 □ **announce** [ənáuns]
동 …을 발표하다
* announcer 명 아나운서

874 □ **pesticide** [péstəsàid]
명 살충제
cf. suicide 자살

400

Since the generator was broken, I called a mechanic.

발전기가 고장났기 때문에, 난 수리공에게 전화를 했다.

875 □ **generator** [dʒénərèitər]
명 발전기
* generate 동 …을 발생시키다

876 □ **mechanic** [mikǽnik]
명 기계공, 수리공
* mechanical 형 기계의

401

A glance at an animal fossil will take you back to the prehistoric times.

동물화석을 한번 보면 선사시대를 되돌아 볼 수 있다.

877 □ **glance** [glæns]
명 힐끗 봄, 일견
« at a glance 한번 보고 바로
동 …을 힐끗 보다

878 □ **fossil** [fásəl]
명 화석
« fossil fuel 화석연료

402

A global change is gradually taking place in the automobile industry.

자동차 산업에 있어서 전 세계적인 변동이 서서히 일어나고 있다.

879	**global** [glóubəl]	형 전 세계의 * globe 명 구체, (the)지구
880	**automobile** [ɔ̀:təməbí:l]	명 자동차

403

He stood in horror as the shadow approached him.

그림자가 그에게 다가옴에 따라 그는 공포에 떨며 서 있었다.

881	**horror** [hɔ́:rər]	명 공포, 무서운 것 * horrify 동 무섭게 하다 * horrible 형 오싹할 정도로 무서운
882	**shadow** [ʃǽdou]	명 그림자

404

I am grateful for the hospitality that everyone showed at the festival.

축제에서 보여주신 모든 분들의 환대에 감사드립니다.

883	**hospitality** [hɑ̀spətǽləti]	명 환대
884	**festival** [féstəvəl]	명 축제, 축일 « a cultural festival 문화제

405

Although she pleaded in earnest, I inevitably had to refuse her request.

비록 그녀는 진심으로 간청했지만, 난 어쩔 수 없이 그녀의 요구를 거절할 수 밖에 없었다.

885 □ **earnest** [ə́:rnist]
- 명 진지함, 신중함
- « in earnest 진지하게, 진심으로

886 □ **inevitably** [inévətəbli]
- 부 필연적으로, 반드시
- * inevitable 형 피할 수 없는

887 □ **refuse** [rifjú:z]
- 동 …을 거절하다
- * refusal 명 거절

888 □ **request** [rikwést]
- 명 요구, 부탁, 수요
- 동 …을 부탁하다

406

He insisted that we leave at the exact time.

그는 우리가 정확한 시간에 출발해야 한다고 주장했다.

889 □ **insist** [insíst]
- 동 주장하다
- * insistent 형 끈질긴

890 □ **exact** [igzǽkt]
- 형 정확한
- * exactly 부 정확히

407

She shouldn't be jealous over such an insignificant thing.

그녀는 그런 사소한 것을 시기해서는 안 된다.

891 □ **jealous** [dʒéləs]
- 형 질투심이 많은
- * jealousy 명 질투, 시샘

892 □ **insignificant** [ìnsignífikənt]
- 형 중요하지 않은
- * significant 형 중요한

408

I studied French literature from pure interest in Western culture.

나는 서양문화에 대한 순수한 관심에서 프랑스문학을 공부했다.

893 □ **literature** [lítərətʃər]
명 문학
* literary 형 문학의, 문예의

894 □ **pure** [pjuər]
형 순수한, 티없는
* purify 동 …을 맑게 하다

409

His acts of bravery inspired us to overcome the shock of being defeated.

그의 용감한 행동은 우리를 고무시켜서 패배의 충격을 극복하게 해 주었다.

895 □ **inspire** [inspáiər]
동 …에게 생기를 주다

896 □ **shock** [ʃɑk]
명 충격 동 …에게 충격을 주다
* shocking 형 오싹할 것 같은

897 □ **defeat** [difí:t]
동 …을 패배시키다
명 패배, 좌절

410

The rope became loose and the raft drifted down the river.

밧줄이 풀어져서 뗏목이 강 아래로 떠내려갔다.

898 □ **loose** [lu:s]
형 느슨한, 풀린
동 풀다, …을 해방하다

899 □ **drift** [drift]
동 표류하다
명 표류

411

I have examinations to take in mathematics and geography.

나는 수학과 지리 시험을 쳐야 한다.

900 □	**mathematics** [mæ̀θəmǽtiks]	명 수학
901 □	**geography** [dʒiάgrəfi]	명 지리학, 지리 * geographical 형 지리(학)적인

412

The mayor is widely known for making unique speeches at ceremonies.

시장은 식장에서 독특한 연설을 하는 것으로 널리 알려져 있다.

902 □	**mayor** [méiə*r*]	명 시장
903 □	**widely** [wáidli]	부 넓게, 널리 * wide 형 폭넓은 * width 명 폭, (지식 등의) 넓이
904 □	**ceremony** [sérəmòuni]	명 의식 * ceremonial 형 의식의 명 의식

There is this difference between happiness and wisdom;he that thinks himself the happiest man, really is so, but he that thinks himself the wisest, is generally the greatest fool.

행복과 지혜 사이에는 다음과 같은 차이가 있다. 즉, 자기 자신을 이 세상에서 가장 행복한 사람이라고 생각하면 정말 그대로 되지만 자신을 이 세상에서 가장 지혜로운 사람으로 본다면 가장 큰 바보가 되는 것이다.

413

A mature person is one who understands the essence of life.

성숙한 사람은 인생의 근본을 이해하는 사람이다.

905 ☐ **mature** [mətjúər]
- 형 익은, 성숙한 (⇔immature 미성숙한)
- 동 …을 성숙시키다
- * maturity 명 성숙

906 ☐ **essence** [ésns]
- 명 본질
- * essential 형 본질적인

414

Industrial waste pollutes rivers and causes immense damage to the environment.

산업 폐기물은 강을 오염시키며 환경에 막대한 피해를 입힌다.

907 ☐ **pollute** [pəlúːt]
- 동 …을 오염시키다
- * pollution 명 오염
- « atmospheric pollution 대기오염

908 ☐ **immense** [iméns]
- 형 거대한

415

We must take all measures to stop polluting the earth's atmosphere.

우리는 지구의 대기 오염을 막기 위해서 모든 조치를 취해야 한다.

909 ☐ **measure** [méʒər]
- 명 치수, 자, 기준; 《복》 대책, 조치, 방법
- 동 (크기·양을) 재다, 측정하다

910 ☐ **atmosphere** [ǽtməsfiər]
- 명 분위기, 대기
- * atmospheric 형 대기의

416

He cannot be cured by any known medical means.

그는 지금까지 알려진 어떤 의학적인 수단으로도 치료될 수 없다.

911 medical [médikəl]
형 의학의, 내과의
« a medical checkup 건강진단
* medicine 명 약, 의학

912 means [mi:nz]
명 수단, 방법
« by means of …에 의해
« by all means 무슨 일이 있어도

417

The meteor looked like a tiny spacecraft flying across the sky.

그 유성은 하늘을 가로질러 날아가는 조그만 우주선처럼 보였다.

913 meteor [mí:tiər]
명 유성, 운석

914 spacecraft [spéiskræ̀ft]
명 우주선
* space 명 공간, 우주
* spaceship 명 우주선

418

He resolved to take revenge on his enemies at the first opportunity.

그는 첫 번째 기회에서 적들에게 복수하겠다고 결심했다.

915 **resolve** [rizálv]
동 결심하다, …을 분해하다
* resolution 명 결의, 결심

916 **revenge** [rivéndʒ]
명 복수
« take revenge on …에게 복수하다
동 복수하다

917 **opportunity** [àpərtjú:nəti]
명 기회

419

The passage was blocked with lumps of concrete.

통로는 콘크리트 덩어리로 막혀 있었다.

918 **passage** [pǽsidʒ]
명 통과, 통로
* pass 동 통과하다

919 **lump** [lʌmp]
명 덩어리, 혹
« a lump of sugar 각설탕

420

The vice-president has a notion to take the wheel of this committee.

부 위원장은 이 위원회의 지배권을 쥐려고 생각하고 있다.

920 **notion** [nóuʃən]
명 생각, 의견
« have a notion to do …할까 생각하다

921 **wheel** [*h*wi:l]
명 바퀴, 핸들
« at the wheel 운전하여

922 **committee** [kəmíti]
명 위원회
* commit 동 …을 위탁하다

421

Nowadays, some people dye their hair for no particular reason.

요즘은, 특별한 이유도 없이 머리를 염색하는 사람들이 있다.

923 □ **nowadays** [náuədèiz]
부 최근, 요즘에는

924 □ **dye** [dai]
동 물들이다, 염색하다
명 염료

925 □ **particular** [pərtíkjulər]
형 특별한, 어떤 특정의
취향이 까다로운
명 상세
« in particular 특별히

422

None of these plans reflect my idea.

이 계획들 중에서 어떤 것도 내 생각을 반영하는 것은 없다.

926 □ **none** [nʌn]
대 아무것도 …않다
부 조금도 …하지 않다
« none the less 그럼에도 불구하고

927 □ **reflect** [riflékt]
동 …을 반사[반영]하다, 숙고하다(on)
* reflection 명 반사, 숙고
* reflective 형 반사하는

423

The minister remarked that everyone must be given an equal opportunity.

그 장관은 누구나 동등한 기회를 받아야 한다고 언급했다.

928 □ **minister** [mínəstər]
- 명 장관, 목사
- « the Minister of Foreign Affairs 외무부장관

929 □ **equal** [íːkwəl]
- 형 동등한, 평등한
- 명 대등한 사람
- 동 …과 같다, …에 필적하다
- * equally 부 같은 정도로
- * equality 명 평등, 대등

424

It is normal to hang your head in shame when you make a mistake.

실수를 하면 수치심에 고개를 숙이는 것은 당연하다.

930 □ **normal** [nɔ́ːrməl]
- 형 표준의, 정상의
- 명 표준, 보통
- * normally 부 보통은

931 □ **shame** [ʃeim]
- 명 부끄럼, 창피함
- « hang one's head in shame 부끄러움에 고개를 숙이다
- 동 …에게 창피를 주다
- * shameful 형 부끄러운

425

The budget committee meetings always bore us.

예산 위원회의 회의는 늘 우리를 지루하게 한다.

932 □ **budget** [bʌ́dʒət]
- 명 예산
- 동 예산을 세우다

933 □ **bore** [bɔːr]
- 동 …을 지루하게 하다
- 명 지루한 사람
- * boredom 명 지루함

426

This whole paragraph is quoted from his remarkable speech.

이 문단 전체는 그의 주목할 만한 연설에서 인용된 것이다.

934 □ **paragraph** [pǽrəgræf]
- 명 단락

935 □ **remarkable** [rimáːrkəbl]
- 형 주목할 만한, 현저한
- * remark 동 …에 주목하다 명 주의, 의견

427

Tonight's performance was made in remembrance of the great dancer.

오늘밤의 공연은 그 위대한 무용수를 기념하여 행해졌다.

936 □ **performance** [pərfɔ́ːrməns]
- 명 공연, 수행
- * perform 동 완수하다

937 □ **remembrance** [rimémbrəns]
- 명 기억, 기념
- « in remembrance of …을 기념하여
- * remember 동 …을 기억하다

428

She was granted an award for her superior performance.

그녀는 뛰어난 연기로 상을 받았다.

938 □ **grant** [grænt]
- 동 주다, 승락하다, 인정하다

939 □ **superior** [supíəriər]
- 형 뛰어난, 우수한
- 명 윗사람
- * superiority 명 우월

429

It is your duty to follow the instructions of your superior.

선배의 지도를 따르는 것은 당신의 의무이다.

940 □ **duty** [djú:ti]
- 명 의무, 임무, 일
- « on duty 근무 시간중에
- « off duty 비번에
- * duty-free 형 면세의

941 □ **instruction** [instrʌ́kʃən]
- 명 명령, 교육, 지도
- * instruct 동 지도하다
- * instructor 명 지도원

430

They only spoke in general terms and no specific ideas were announced.

그들은 단지 일반적인 용어로 말했을 뿐 구체적인 생각은 언급되지 않았다.

942 □ **general** [dʒénərəl]
- 형 일반적인
- « in general 일반적으로
- * generally 부 일반적으로

943 □ **specific** [spisífik]
- 형 구체적인, 명확한, 특정의
- * specifically 부 특별히, 특히
- * specify 동 …을 명확하게 말하다

431

The proposal to establish a new monument was accepted by the council.

새 기념비를 설립하자는 제안이 협의회에 의해 수락되었다.

944 □ **proposal** [prəpóuzəl]
- 명 제안, 결혼 신청
- * propose 동 …을 제안하다
- * proposition 명 제안, 주장

945 □ **establish** [istǽbliʃ]
- 동 …을 설립하다, 확립하다
- * establishment 명 설립, 확립

946 □ **monument** [mánjumənt]
- 명 기념비, 기념물
- « a natural monument 천연기념물
- * monumental 형 기념비적인, 터무니없는 《구어》

432

Tom took refuge; meanwhile, Jimmy ran for help.

톰은 피신을 했고, 반면 지미는 구조를 요청하기 위해 달려갔다.

947 ☐ **refuge** [réfju:dʒ]
명 피난, 은신처
« take refuge in …로 피난하다
* refugee 명 망명자

948 ☐ **meanwhile** [mí:nhwàil]
부 한편, 그동안

433

He was proved innocent of anything connected with this crime.

그는 이 범죄와 관련된 어떤 것에 대해서도 무죄임이 증명되었다.

949 ☐ **prove** [pru:v]
동 …을 증명하다
* proof 명 증거, 증명

950 ☐ **innocent** [ínəsənt]
형 무죄의, 천진한
* innocence 명 무죄, 천진함

951 ☐ **connect** [kənékt]
동 관련시키다
* connection 명 연결, 연락

434

Becoming a psychologist requires an advanced degree.

심리학자가 되려면 높은 학위가 요구된다.

952 ☐ **psychologist** [saikálədʒist]
명 심리학자
* psychology 명 심리학

953 ☐ **require** [rikwáiər]
동 …을 필요로 하다, 요구하다
* requirement 명 요구(물)

435

I recently recognized the importance of this shrine to the town.

나는 최근에 이 성지의 중요성을 깨닫고 그 마을에 갔다.

954 **recently** [ríːsntli]
부 최근, 요즘에
* recent 형 최근의

955 **recognize** [rékəgnàiz]
동 …을 알아차리다, 인정하다
* recognition 명 인식, 승인

956 **shrine** [ʃrain]
명 신전, 성지

436

Only diplomats are admitted to this conference.

외교관들만이 이 회의의 입장이 허가된다.

957 **diplomat** [díplәmæ̀t]
명 외교관
* diplomacy 명 외교

958 **admit** [ədmít]
동 허가하다
* admission 명 입장허가, 승인
« admission free 입장무료

437

Until the heater was replaced by a new one, Joe and I were shivering with cold.

난방기가 새 것으로 교체될 때까지, 조와 난 추위에 떨고 있었다.

959 **replace** [ripléis]
- 동 …으로 교체하다
- * replacement 명 교체, 대용품

960 **shiver** [ʃívər]
- 동 떨다
- 명 떨림, 한기

438

Dr. Jones is a man of good reputation who is fully trusted by the patients.

존스 의사는 평판이 좋은 사람으로 환자들의 충분한 신뢰를 받고 있다.

961 **reputation** [rèpjutéiʃən]
- 명 평판, 명성
- * reputable 형 훌륭한

962 **patient** [péiʃənt]
- 명 환자
- 형 참을성이 있는
- * patience 명 인내, 참을성
- * patiently 부 참을성 있게

439

From sorrow, she hid herself in a remote place.

슬픔에 잠겨서, 그녀는 외딴 곳으로 몸을 숨겼다.

963 □ **sorrow** [sɔ́:rou]
명 슬픔
* sorrowful 형 슬픈

964 □ **remote** [rimóut]
형 멀리 떨어진, 먼

440

Somehow, fate chose us to witness the dawn of a new century.

어쨌든 운명은 우리가 새로운 세기의 여명을 목격하도록 했다.

965 □ **somehow** [sʌ́mhàu]
부 어쨌든
« somehow or other 어떻게든, 이럭저럭

966 □ **witness** [wítnis]
동 …을 목격하다, 증명하다
명 목격자, 증언

967 □ **dawn** [dɔ:n]
명 새벽
동 날이 새다

441

Susan has a sharp mind but her thick spectacles give the impression that she is not very smart.

수잔은 우수한 지성을 갖고 있지만 두꺼운 안경 때문에 그다지 똑똑하지 않은 인상을 풍긴다.

968 □ **sharp** [ʃɑːrp]
형 날카로운, 예민한
* sharply 부 날카롭게

969 □ **thick** [θik]
형 두꺼운, 짙은
* thicken 동 …을 두껍게 하다 …을 진하게 하다

970 □ **spectacle** [spéktəkl]
명 안경, 경관
* spectacular 형 볼 만한

971 □ **smart** [smɑːrt]
형 영리한, 재치가 있는
* smartly 부 맹렬히, 빈틈없이

442

The meadows stretch for miles over this region.

목장은 수 마일에 걸쳐 이 지역에 넓게 펼쳐져 있다.

972 □ **stretch** [stretʃ]
동 쭉 뻗다
명 뻗기, 기지개

973 □ **region** [ríːdʒən]
명 지역

443

He shifted his eyes from the pavement to the running carriage.

그는 포장 도로에서 달리는 마차로 눈을 돌렸다.

974 **shift** [ʃift]
동 이동하다, 바꾸다
명 변화

975 **pavement** [péivmənt]
명 포장도로
* pave 동 …을 포장하다

976 **carriage** [kǽridʒ]
명 마차
* carrier 명 운반하는 사람

444

This milk tastes sour. I suggest that you throw it away.

이 우유는 신맛이 난다. 그 것을 내다버리는 것이 좋겠다.

977 **sour** [sauər]
형 신, 시큼한
동 …을 시게 하다

978 **suggest** [sədʒést]
동 …을 제안하다, …을 암시하다
* suggestion 명 제안, 시사

445

I don't know whether this is the proper route or not.

이 길이 맞는지 아닌 지를 모르겠다.

979 **whether** [hwéðər]
접 …인지 어떤지

980 **proper** [prápər]
형 적절한, 바른
* properly 부 적절히, 정확히

446

Donald is all thumbs when he is under stress.

도날드는 스트레스를 받으면 일을 제대로 하지 못한다.

981 □ **thumb** [θʌm]

명 엄지손가락

« be all thumbs 손재주가 없다

cf. 엄지발가락은 big toe

982 □ **stress** [stres]

명 긴장, 압박

« lay stress on ···에 중점을 두다

Fire is the test of gold; adversity, of strong men.

불은 황금을 시험하고, 역경은 강한 사람을 시험한다.

고득점을 약속하는

절·대·단·어

수능 영어시험에서 고득점을

약속하는 단어 436개

447

We struggled to take shelter from a sudden snowstorm.

우리는 갑작스런 눈보라를 피하려고 안간힘을 썼다.

983 □ **struggle** [strʌ́gl]
- 동 발버둥치다, 애쓰다
- 명 다툼, 노력

984 □ **shelter** [ʃéltər]
- 명 피난, 피난처
- 동 …을 보호하다

985 □ **sudden** [sʌ́dn]
- 형 갑작스러운 명 불시, 돌연
- « all of a sudden 돌연, 갑자기
- * suddenly 부 돌연

448

Not a moment can be spared as I must be ready by daybreak.

동틀녘까지 준비를 해야만 하기 때문에 한순간도 낭비할 여유가 없다.

986 □ **spare** [spɛər]
- 동 (시간 · 돈 등을) 할애하다, 내주다
- 명 예비 부품
- 형 예비의

987 □ **daybreak** [déibrèik]
- 명 새벽

449

After he **stuffed** himself with food, his stomach began to **ache**.

그는 음식을 너무 많이 먹은 후에, 배가 아프기 시작했다.

988 □ **stuff** [stʌf]
- 동 …에 가득 채우다
- 명 물건, 재료

989 □ **ache** [eik]
- 동 아프다
- 명 아픔, 고통

450

In 1912, the Titanic **sank** into the **depths** of the ocean.

1912년에, 타이타닉 호가 바다 속 깊은 곳으로 가라앉았다.

990 □ **sink** [siŋk]
- 동 가라앉다, 침몰하다
- 명 식기 따위를 닦는 곳

991 □ **depth** [depθ]
- 명 깊이, 깊은 곳
- * deepen 동 …을 깊이 하다
- * deeply 부 깊이

451

The outside **structure** of the sunken ship was covered with **shells**.

침몰선의 바깥쪽 건조물은 조개껍질로 덮여 있었다.

992 □ **structure** [strʌ́ktʃər]
- 명 구조, 조립 동 …을 조립하다
- * structural 형 구조의

993 □ **shell** [ʃel]
- 명 조가비

452

I earned sufficient money to live in the countryside after retirement.

나는 은퇴 후 시골에서 살 수 있을 만큼의 충분한 돈을 벌었다.

994 **earn** [əːrn]
동 …을 벌다
« earn one's living 생활비를 벌다

995 **sufficient** [səfíʃənt]
형 충분한
* sufficiency 명 충분

996 **countryside** [kʌ́ntrisàid]
명 고향, 시골

453

Wherever you go, try to avoid danger.

네가 어디를 가더라도 위험을 피하도록 해라.

997 **wherever** [hwεərévər]
접 어디든지 …하는 곳에

998 **avoid** [əvɔ́id]
동 …을 피하다
* unavoidable 형 피할 수 없는

454

The project is concerned with decreasing the amount of garbage.

그 계획은 쓰레기의 양을 줄이는 일과 관련되어 있다.

999 **concern** [kənsə́ːrn]
동 …에 관계하다
« as concerns …에 관해서는
명 관계, 걱정

1000 **decrease** [dikríːs]
동 줄이다, 감소하다 명 감소

455

Whatever you do, don't participate in anything prohibited by law.

무엇을 하든지 간에, 법으로 금지된 일에는 참여하지 마라.

1001 □ **whatever** [hwatévər]
- 대 …하는 것은 뭐든지
- 형 (…하는) 어떤 ~라도

1002 □ **participate** [pa:rtísəpèit]
- 동 …에 참가하다, 관계하다
- * participant 명 참가자, 관계자
- * participation 명 참가

1003 □ **prohibit** [prouhíbit]
- 동 …을 금지하다
- * prohibition 명 금지

456

A large part of wildlife is bound to die out in the first quarter of the 21 century.

대부분의 야생 동물은 21세기의 첫 25년이 지나면 반드시 멸종하게 된다.

1004 □ **wildlife** [wáildlàif]
- 명 야생동물

1005 □ **bound** [baund]
- 형 묶인, 속박된
- « be bound to do 반드시 …하다
- 형 (탈 것이) …행의
- 동 (공 등이) 튀다, 뛰어 오르다

1006 □ **quarter** [kwɔ́:rtər]
- 명 4분의 1, 15분, 25센트, 지역

457

Follow the quick route, and you will get there ahead of time.

빠른 길을 선택하면 예정 시간보다 일찍 그곳에 도착할 것이다.

1007 □ **route** [ru:t]
명 길, 경로
« on air route 항공로

1008 □ **ahead** [əhéd]
부 전방에, …에 앞서서
« ahead of …의 앞에, …에 앞서서
« go ahead 직진하다

458

Although he has a wicked appearance, he is a man with an honest soul.

그는 사악한 모습을 하고 있지만 정직한 마음씨를 가진 남자다.

1009 □ **wicked** [wíkid]
형 사악한, 부정한
* wickedly 부 사악하게

1010 □ **soul** [soul]
명 마음, 영혼

459

Never hesitate to call the police if the necessity arises.

필요가 생기면 주저말고 경찰에 전화해라.

1011 □ **hesitate** [hézətèit]
- 동 주저하다, 망설이다
- * hesitant 형 주저하기 쉬운
- * hesitation 명 망설임, 주저함

1012 □ **necessity** [nəsésəti]
- 명 필요, 필수품
- « the necessities of life 생활필수품
- * necessary 형 필요한 명 필수품
- * unnecessary 형 불필요한
- « not necessarily
  《부분부정》 반드시 …은 아니다

1013 □ **arise** [əráiz]
- 동 일어나다, 생기다(arise-arose-arisen)
  ☞ rise보다 격식을 차린 말
  get up 구어적인 말

460

Expect nothing, and you will never be disappointed.

기대하는 일이 없으면 실망도 없을 것이다.

1014 □ **expect** [ikspékt]
- 동 …을 기대하다
- * expectation 명 기대, 예상

1015 □ **disappoint** [dìsəpɔ́int]
- 동 …을 실망시키다
- * disappointed 형 실망한
- * disappointment 명 실망

461

She has a bad habit of discarding letters and papers without reading them carefully.

그녀는 편지와 신문을 주의깊게 읽지 않고 버리는 나쁜 버릇이 있다.

1016 □ **habit** [hǽbit]
명 버릇, 습관
cf. custom 사회적인 습관
* habitual 형 습관적인

1017 □ **discard** [diskɑ́ːrd]
동 버리다

462

Fossil fuels such as coal give off carbon dioxide when burned.

석탄 같은 화석연료는 연소할 때 이산화탄소를 방출한다.

1018 □ **fuel** [fjúːəl]
명 연료
« heating fuel 난방용 연료

1019 □ **coal** [koul]
명 석탄
* charcoal 명 숯

1020 □ **dioxide** [daiɑ́ksaid]
명 이산화물
« carbon dioxide 이산화탄소

463

Don't put your faith in him, for his deeds don't match with his words.

그의 말을 신뢰하지 마라, 왜냐하면 그의 행동은 말과 일치하지 않기 때문이다.

1021 **faith** [feiθ]
명 신뢰, 신앙
« put one's faith in …을 신용하다
* faithful 형 충실한

1022 **deed** [di:d]
명 행함, 행위
☞ do (하다, 행하다)의 명사형

464

His work was frequently interrupted by phone calls.

그의 일은 전화 때문에 자주 중단되었다.

1023 **frequently** [frí:kwəntli]
부 자주, 빈번하게
* frequent 형 빈번한, 상습의
동 …에 자주 방문하다
* frequency 명 빈번, 빈도

1024 **interrupt** [ìntərʌ́pt]
동 …을 중단하다, 방해하다
* interruption 명 방해, 중단

465

The driver narrowly missed the cyclist that appeared unexpectedly.

그 운전사는 예기치 않게 나타난 자전거를 탄 사람을 간신히 피했다.

1025 **narrowly** [nǽrouli]
부 간신히, 좁게
* narrow 형 좁은

1026 **unexpectedly** [ʌ̀nikspéktidli]
부 예기치 않게
* unexpected 형 예기하지 않은

466

The clue enabled him to find the man who vanished in broad daylight.

그 단서로 그는 밝은 대낮에 사라진 그 남자를 찾을 수 있었다.

1027 enable [inéibl]
동 …을 할 수 있게 하다
* able 형 …을 할 수 있는

1028 vanish [vǽniʃ]
동 모습을 감추다

1029 broad [brɔːd]
형 (폭이) 넓은
« in broad daylight 한낮에
* breadth 명 폭

467

The statements from the witnesses revealed the secret.

목격자로부터 나온 진술이 비밀을 다 밝혀 주었다.

1030 statement [stéitmənt]
명 진술, 성명
* state 동 …을 진술하다, 표명하다

1031 reveal [riví:l]
동 …을 폭로하다
* revelation 명 폭로

468

The scattered jewels twinkled like so many stars.

흩어져 있던 보석들은 수많은 별들처럼 반짝거렸다.

1032 scatter [skǽtər]
동 …을 흩뿌리다
* scattered 형 흩어진

1033 twinkle [twíŋkl]
동 반짝이다
명 반짝임

469

Pour the chemical mixture into the glass.

화학 혼합물을 유리잔에 부어 넣으세요.

1034 □ **pour** [pɔːr] 동 …을 쏟다

1035 □ **mixture** [míkstʃər] 명 혼합(물)
* mix 동 …을 섞다 명 혼합

470

Let's examine the clues to this mysterious case more carefully.

이 신비의 사건을 파헤칠 단서들을 더 면밀히 검토해 봅시다.

1036 □ **examine** [igzǽmin] 동 …을 조사하다, 시험하다
* examination 명 시험
* exam 명 시험

1037 □ **clue** [kluː] 명 단서, 실마리

471

The beautiful steep peak was invaded by a lot of climbers.

아름답고 가파른 산꼭대기에 많은 등산객들이 몰려들었다.

1038 □ **steep** [stiːp] 형 (경사가) 급한

1039 □ **invade** [invéid] 동 …에 몰려들다, 침략하다
* invasion 명 침략
* invader 명 침략자, 침입자

472

Modern physics cannot predict everything.

현대 물리학이 모든 것을 예측할 수 있는 것은 아니다.

1040 □ **physics** [fíziks]
명 물리학
* physicist 명 물리학자 *cf.* physician (의사)

1041 □ **predict** [pridíkt]
동 …을 예언하다, 예보하다
* prediction 명 예언, 예보

473

The use of this powerful medicine is strictly regulated.

이 강력한 약품의 사용은 엄격히 규제되고 있다.

1042 □ **powerful** [páuərfəl]
형 강력한, 유력한
* power 명 힘, 능력
* powerfully 부 강력하게

1043 □ **regulate** [régjulèit]
동 …을 규정하다, 규제하다
* regular 형 규칙적인
* regularly 부 정기적으로
* regulation 명 규칙, 규제

474

There is a wide range of climates in this country.

이 나라에는 기후의 폭이 다양하다.

1044 □ **range** [reindʒ]
명 예, 범위
동 (범위가) 이르다, …을 배열시키다

1045 □ **climate** [kláimit]
명 기후
cf. weather (특정한 날의 기후, 날씨)

You never enjoy the aright, till the sea itself flowth in your veins, till you are clothed with the heavens, and crowned with the stars; and perceive yourself to be the sole heir of the whole world.

바다, 그 자체가 그대의 혈관에 흐르고, 하늘의 옷을 입고, 머리에 별의 관을 쓰게 될 때, 비로소 그대는 세상을 올바르게 즐기게 될 것이다. 그대 자신이 온 세상의 유일한 상속자임을 깨달아라.

475

It is odd that he gained powerful supporters in such a short period.

그렇게 짧은 기간에 강력한 지지자들을 얻은 것은 기묘한 일이다.

1046 □ **odd** [ɑd]
- 형 기묘한, 홀수의
- « an odd number 홀수

1047 □ **gain** [gein]
- 동 …을 얻다, (시계가) 빠르다 (⇔lose (시계가) 늦다)
- 명 이익

1048 □ **period** [píəriəd]
- 명 기간

476

According to the advertisement, this is an ozone-friendly aerosol.

광고에 의하면, 이것은 오존 친화적인 에어러솔이다.

1049 □ **advertisement** [ӕdvərtáizmənt]
- 명 광고
- * ad 명 광고
- * advertise 동 …을 선전하다

1050 □ **ozone** [óuzoun]
- 명 오존
- « the ozone layer 오존층

477

A bunch of annoying mosquitoes flew from the nearby well.

성가신 모기 떼가 근처의 우물에서 날아들었다.

1051 bunch [bʌntʃ]
- 명 무리, 송이
- « a bunch of 한 송이의…, …의 한무리

1052 annoy [ənɔ́i]
- 동 …을 귀찮게 하다
- « be annoyed at …에게 화내다
- * annoyance 명 성가심

1053 nearby [níərbài]
- 형 바로 가까이의
- 부 바로 가까이에
- * near 부 가까이에 형 가까운 전 …의 가까이에

478

The rumor is widespread that the defeated soldiers buried their treasure around here.

패전병들이 이 근방에 보물을 묻었다는 소문이 널리 퍼져 있다.

1054 widespread [wáidsprèd]
- 형 널리 퍼진
- * wide 형 폭넓은 부 넓게
- * widen 동 …을 넓히다
- * spread 동 넓어지다, …을 펴다

1055 bury [béri]
- 동 …을 묻다, 몰두시키다
- « be buried in …에 몰두하고 있다
- * burial 명 매장

479

He received a scholarship to study the northern tribes.

그는 북방 부족들을 연구하도록 장학금을 받았다.

1056	**scholarship** [skálər∫ìp]	명 장학금, 학문 * scholar 명 학자
1057	**tribe** [traib]	명 부족

480

My grandmother has a lot of collections of fairy tales.

나의 할머니는 많은 동화책을 가지고 계신다.

1058	**collection** [kəlék∫ən]	명 수집, 수집물 * collect 동 …을 모으다 * collective 형 모은
1059	**fairy** [fέəri]	명 요정 « a fairy tale 동화
1060	**tale** [teil]	명 이야기, 밀고 ☞ tail (꼬리)과 동음이의어

481

To her regret, her son was found to be involved in the crime.

그녀에게는 유감스러운 일이지만, 그녀의 아들은 그 범죄에 연루된 것으로 밝혀졌다.

1061 **regret** [rigrét]
- 명 유감, 후회
- 동 …을 유감으로 생각하다
- * regretful 형 유감스러운

1062 **involve** [inválv]
- 동 포함하다, 연루시키다
- * involvement 명 관련

482

It is characteristic of most living things to try to adapt to a new environment.

새로운 환경에 적응하려고 애쓰는 것은 대부분 생물의 특징이다.

1063 **characteristic** [kæ̀riktərístik]
- 명 특징, 특성
- 형 특징적인, 독특한
- * character 명 성격, 특성, 등장인물

1064 **adapt** [ədǽpt]
- 동 순응하다, …을 적응시키다
- * adaptation 명 적응

483

I meant you no harm, but I apologize anyway.

나는 당신에게 어떠한 해도 끼칠 의도는 없었지만 어쨌든 사과드립니다.

1065 **harm** [hɑːrm]
- 명 손해
- « do harm (to) …에게 해를 끼치다

1066 **apologize** [əpálədʒàiz]
- 동 사죄하다, 사과하다
- * apology 명 사죄, 변명

484

Tonight's program on this channel is about a movement to save endangered species.

이 채널에서 상영될 오늘밤 프로그램은 멸종 위기에 처한 종들을 구하는 활동에 관한 것이다.

1067 □ **channel** [tʃǽnl]
명 채널, 수로

1068 □ **endanger** [indéindʒər]
동 …을 위험에 빠뜨리다
* endangered 형 전멸의 위기에 빠진

1069 □ **species** [spíːʃiːz]
명 (동식물의) 종(種)

485

Orangoutangs are a typical endangered species of the tropical rain forest.

오랑우탄은 열대우림의 멸종위기에 처한 대표적인 동물이다.

1070 □ **typical** [típikəl]
형 대표적인, 전형적인
* type 명 형, 전형

1071 □ **tropical** [trápikəl]
형 열대의, 열대지방의
* tropic 명 회귀선, 열대(지방)

486

The anxious mother was relieved to hear the good news.

걱정을 하고 있던 어머니는 희소식을 듣고서 마음을 놓았다.

1072 □ **anxious** [ǽŋkʃəs]
- 형 걱정하는, 열망하는
  몹시 하고 싶어하는
- * anxiously 부 걱정하여, 열망하여
- * anxiety 명 걱정, 열망

1073 □ **relieve** [rilíːv]
- 동 안심시키다, 완화하다
- * relief 명 안심, 완화

487

He advised me to state the commercial value of the sample I declared.

그는 내가 주장한 견본의 상업적인 가치를 말해보라고 했다.

1074 □ **advise** [ədváiz]
- 동 …에게 조언하다
- * advice 명 충고, 조언
- * adviser[advisor] 명 조언자

1075 □ **commercial** [kəmə́ːrʃəl]
- 형 상업의
- 명 광고방송
- * commerce 명 상업, 무역

488

His vague gesture was interpreted as a consent.

그의 애매한 행동은 동의한다는 뜻으로 해석되었다.

1076 □ **vague** [veig]
형 분명치 않은, 어렴풋한
* vaguely 부 분명치 않게, 막연히

1077 □ **interpret** [intə́ːrprit]
동 …을 해석하다, 통역하다
* interpretation 명 해석, 통역
* interpreter 명 통역

489

The spectators scratched their names into the wooden surface of the benches.

관객들은 긴 의자의 목재 표면에 자기들의 이름을 새겨 넣었다.

1078 □ **spectator** [spékteitər]
명 관객
* spectacle 명 경관, 구경
* spectacular 형 볼 만한

1079 □ **scratch** [skrætʃ]
동 …을 세게 긁어 새기다
명 세게 긁은 흔적

1080 □ **wooden** [wúdn]
형 목제의
* wood 명 목재

1081 □ **surface** [sə́ːrfis]
명 표면, 외관
« on the surface 겉의

490

The goods that the children sent were relief to the refugees.

어린이들이 보낸 물품은 피난민들에게 가는 구호품이었다.

1082 **goods** [gudz]
명 상품, 물자

1083 **relief** [rilíːf]
명 구원, 안심
* relieve 동 …을 없애다, 안심시키다

491

Several communications satellites have been launched.

몇 개의 통신 위성이 발사되었다.

1084 **satellite** [sǽtəlàit]
명 위성, 인공위성
« a satellite city 위성도시

1085 **launch** [lɔːntʃ]
동 쏘아올리다, 시작하다
명 쏘아 올림

492

The fields the villagers cultivated make a peaceful landscape.

마을 사람들이 가꾼 밭은 평화로운 풍경을 자아낸다.

1086 **cultivate** [kʌ́ltəvèit]
동 경작하다, 재배하다
* cultivation 명 경작, 재배

1087 **landscape** [lǽndskèip]
명 풍경, 경치

493

The enormous bouquets which the fans sent him show their great enthusiasm.

팬들이 보낸 그 거대한 꽃 다발은 그들의 대단한 열정을 보여주는 것이다.

1088 □ **enormous** [inɔ́ːrməs]
- 형 막대한 양의
- * enormously 부 막대하게

1089 □ **enthusiasm** [inθúːziæ̀zm]
- 명 열중, 열의
- * enthusiastic 형 열광적인, 열렬한

494

I was exhausted after looking at all the sculptures in the museum.

미술관에 있는 조각품들을 모두 보고 난 후 난 기진맥진해 버렸다.

1090 □ **exhaust** [igzɔ́ːst]
- 동 …을 지치게 하다, 다 써버리다
- 명 배기
- * exhausted 형 지쳐버린, 고갈된

1091 □ **sculpture** [skʌ́lptʃər]
- 명 조각, 조각한 상
- 동 …을 조각하다
- * sculptor 명 조각가

495

It was apparent that she had pretended to be ill.

그녀가 꾀병을 부렸던 것이 명백했다.

1092 □ **apparent** [əpǽrənt]
- 형 명백한, 외견상의
- * appear 동 나타나다

1093 □ **pretend** [priténd]
- 동 …인 체하다
- « pretend illness 꾀병을 부리다

496

The famine forced the people to use reserve supplies of grain.

기근으로 국민들은 곡물의 비축품을 사용할 수밖에 없었다.

1094 □ **famine** [fǽmin]
명 기근

1095 □ **reserve** [rizə́ːrv]
형 예비의
명 비축, 예비
동 예약하다
* reservation 명 예약

1096 □ **supply** [səplái]
명 공급, 비축
동 …을 공급하다, …에게 주다

1097 □ **grain** [grein]
명 곡물, 알

497

They demanded a judgment of their case by the Supreme Court.

그들은 그 사건을 대법원이 판결해주기를 요구했다.

1098 □ **demand** [dimǽnd]
동 …을 요구하다, 필요로 하다
명 요구, 수요

1099 □ **judgment** [dʒʌ́dʒmənt]
명 판단, 판결
* judge 명 재판관
동 판단하다

1100 □ **supreme** [suːpríːm]
형 최고의, 최상의
* supremacy 명 지고(至高), 우위

498

The customers who pay in advance will get 20% off the regular price.

미리 대금을 지불하는 고객들은 시중 가격의 20%를 할인받을 것이다.

1101 □ **customer** [kʌ́stəmər]
명 단골, 고객
cf. customer 물건을 사는 손님
client 의사·변호사 등의 의뢰인

1102 □ **regular** [régjulər]
형 정규의, 규칙적인
* regularly 부 정기적으로
* regulate 동 조정하다

499

My mother was prejudiced against long-haired youths.

나의 어머니는 긴 머리의 젊은이들에 대해 편견을 갖고 있었다.

1103 □ **prejudice** [prédʒədis]
동 …에 편견을 가지게 하다
명 편견
« racial prejudice 인종 편견

1104 □ **youth** [ju:θ]
명 젊은이, 젊음
* youthful 형 젊은, 청년의
* youngster 명 청년

500

He fancies himself a handsome young man.

그는 자기를 젊고 잘생긴 남자로 여기고 있었다.

1105 fancy [fǽnsi]
동 (…이라고) 상상하다, 공상하다
≪ fancy oneself (as) …라고 자부하다

1106 handsome [hǽnsəm]
형 (남성이) 얼굴이 잘생긴

501

The man bumped directly into the woman with the packages.

그 남자는 짐을 들고 있는 여자와 직접 마주쳤다.

1107 bump [bʌmp]
동 …와 충돌하다
≪ bump into …에 부딪히다
명 충돌

1108 directly [diréktli]
부 직접, 똑바로
* direct 형 똑바른, 직접의
* direction 명 방향, 지휘

502

Be sure to squeeze the sponge over the bucket, otherwise the water will splash all over the floor.

물통에 스폰지를 반드시 꽉 쥐어짜라, 그렇지 않으면 물이 마루바닥에 온통 튈 것이다.

1109 squeeze [skwi:z]
동 짜내다
명 짜는 행위

1110 otherwise [ʌ́ðərwàiz]
부 그렇지 않으면
≪ and otherwise 기타

503

The ruler commanded that the valuable monument be destroyed.

지배자는 귀중한 기념비를 파괴하라고 명했다.

1111 □ **command** [kəmǽnd]
- 동 …라고 명령하다
- 명 명령, 지휘
- * commander 명 지휘자

1112 □ **valuable** [vǽljuəbl]
- 형 귀중한, 고가의
- * invaluable 형 매우 귀중한
- * value 명 가치 동 …을 평가하다

504

Unlike her quiet brothers, she often bursts out laughing.

과묵한 오빠들과는 달리, 그녀는 종종 느닷없이 잘 웃는다.

1113 □ **unlike** [ʌnláik]
- 전 …와는 달라서
- 형 다른
- * unlikely 형 있음직하지 않은

1114 □ **burst** [bəːrst]
- 동 갑자기 …하다, 파열하다
- « burst out laughing 갑자기 웃기 시작하다
- « burst into tears 갑자기 울음을 터트리다

505

There are occasions in life when one must make sacrifices.

인생에 있어서 희생을 해야만 하는 경우가 있다.

1115 □ **occasion** [əkéiʒən]
- 명 경우, 기회
- * occasionally 부 이따금
- * occasional 형 가끔의

1116 □ **sacrifice** [sǽkrəfàis]
- 명 희생, 희생물
- « make a sacrifice 희생을 치르다
- 동 …을 희생하다

506

His parents are ashamed that he was arrested for the act of violence.

그의 부모는 그가 폭력 행위로 체포된 것을 부끄럽게 생각하고 있다.

1117 □ **ashamed** [əʃéimd]
- 형 부끄러워하는
- * shame 명 부끄럼 / 동 …에게 창피를 주다
- * shameful 형 부끄러운

1118 □ **arrest** [ərést]
- 동 …을 체포하다, …을 검거하다
- 명 체포

507

The politician was ashamed of the ugly remarks he made to his opponent.

그 정치가는 상대편에게 한 불쾌한 언행을 수치스러워했다.

1119 □ **ugly** [ʌ́gli] — 형 추한, 비열한 불쾌한

1120 □ **opponent** [əpóunənt] — 명 상대

A man cannot be comfortable without his own approval.

사람은 자기 자신을 인정하지 못하면 스스로에게 만족할 수 없다.

Occupations

doctor [dáktər] * 의사

chef [ʃef] * 주방장

nurse [nəːrs] * 간호사

artist [áːrtist] * 예술가

manager [mǽnidʒər] * 경영자

waiter [wéitər] * 웨이터

mechanic [məkǽnik] * 기계공

painter [péintər] * 페인트공

Clothes

sweater
[swétər]
* 스웨터

jeans
[dʒiːns]
* 진(데님) 바지

blouse
[blaus]
* 블라우스

skirt
[skəːrt]
* 치마

shirt
[ʃəːrt]
* 셔츠

pants
[pænts]
* 바지

hat [hæt]
* (테 있는)모자

jacket
[dʒǽkit]
* 짧은 상의

dress
[dres]
* 드레스,
정장

tie [tai]
* 넥타이

suit [suːt] * 한 벌(의 옷)

shoes [ʃuːz]
* 구두

socks [sɑks]
* (짧은)양말

508

The dignity of the occasion was spoiled when she burst into laughter.

그녀가 웃음을 터트렸을 때 엄숙하던 분위기가 망쳐졌다.

1121 □ **dignity** [dígnəti]
명 위엄
* dignify 동 …에 위엄을 갖추다

1122 □ **spoil** [spɔil]
동 …을 망쳐놓다
« spoiled child 버릇없이 자란 아이

1123 □ **laughter** [lǽftər]
명 웃음
* laugh 동 웃다

509

Surely he is a genius, but he is a failure as a father.

확실히 그는 천재이지만, 아버지로서는 실격이다.

1124 □ **surely** [ʃúərli]
부 확실히, 반드시
* sure 형 확신하는, 반드시 …하다

1125 □ **genius** [dʒíːnjəs]
명 천재, 재능

1126 □ **failure** [féiljər]
명 실패, 낙제
* fail 동 실패하다, 그르치다

510

The grammar is difficult; furthermore, to memorize each passage is almost impossible.

문법은 어렵다. 더군다나 각 문단을 암기하는 것은 거의 불가능하다.

1127 **grammar** [grǽmər]
명 문법
* grammatical 형 문법상의

1128 **furthermore** [fə́ːrðərmɔ̀ːr]
부 게다가, 더욱이

1129 **memorize** [méməràiz]
동 …을 기억하다, 외우다
* memory 명 기억
* memorial 명 기념비 형 기념의

511

There are many contrasts between British and American university education.

영국의 대학교육과 미국의 대학교육 사이에는 서로 상이한 점이 많다.

1130 **contrast** [kántræ̀st]
명 상이, 대비
동 대조시키다

1131 **education** [èdʒukéiʃn]
명 교육, 교양
* educate 동 …을 교육하다
* educational 형 교육의, 교육적인

512

Adult education programs encourage us to study a variety of subjects.

성인 교육 프로그램은 다양한 과목을 학습하도록 장려해 준다.

1132 **adult** [ədʌ́lt]
- 명 성인, 어른
- 형 성인의, 어른의

1133 **encourage** [inkə́:ridʒ]
- 동 용기를 돋우다
- * courage 명 용기
- * encouragement 명 격려

1134 **variety** [vəráiəti]
- 명 다양성, 변화
- « a variety of 여러가지의
- * vary 동 …을 바꾸다, 바뀌다
- * various 형 여러가지의, 다양한
- * varied 형 가지가지의, 다양한

513

Turtles make long journeys on the ocean current.

거북이는 해류를 타고 긴 여행을 한다.

1135 **journey** [dʒə́:rni]
- 명 여행
- 동 여행하다

1136 **current** [kə́:rənt]
- 명 흐름, 조류
- 형 통용되는
- * currently 부 현재는
- * currency 명 통화

514

His violent temper cannot be easily endured.

그의 과격한 성미는 쉽게 참아지지 않는다.

1137 **violent** [váiələnt]
- 형 거친, 난폭한
- * violence 명 폭력
- * violently 부 난폭하게

1138 **temper** [témpər]
- 명 성미, 기분
- « lose one's temper 화내다

1139 **endure** [indjúər]
- 동 참다
- * endurance 명 인내

515

The scholar mentioned that the universe was expanding.

그 학자는 우주가 확장되고 있다고 언급했다.

1140 **scholar** [skálər]
- 명 학자
- * scholarship 명 장학금

1141 **mention** [ménʃən]
- 동 …을 말하다
- 명 말하는 것, 언급

1142 **expand** [ikspǽnd]
- 동 넓어지다, …을 확대하다
- * expanse 명 광활한 공간
- * expansion 명 확대, 팽창

516

One way to preserve vegetables is to freeze them.

야채를 보존하는 한 가지 방법은 냉동시키는 것이다.

1143 □ **preserve** [prizə́ːrv]
- 동 …을 보존하다, 유지하다
- 명 금렵지구
- * preservation 명 보존

1144 □ **freeze** [friːz]
- 동 얼리다

517

This excellent computer performs its function wonderfully.

이 우수한 컴퓨터는 놀라울 정도로 기능을 수행해낸다.

1145 □ **excellent** [éksələnt]
- 형 우수한, 뛰어난
- * excellence 명 우수함
- * excel 동 빼어나다

1146 □ **function** [fʌ́ŋkʃən]
- 명 기능, 작용
- 동 기능하다, 움직이다
- * functional 형 기능적인

518

This story demonstrates that he is a pianist worthy of being admired.

이 이야기는 그가 존경받을 가치가 있는 피아니스트라는 것을 증명해 준다.

1147 □ **demonstrate** [démənstrèit]
동 …을 증명하다
* demonstration 명 증명

1148 □ **worthy** [wə́ːrði]
형 가치있는
* worth 형 …의 가치가 있는
« worth doing …할 가치가 있다

1149 □ **admire** [ədmáiər]
동 …을 칭찬하다
* admiration 명 칭찬
* admirable 형 훌륭한

519

The statesman denied having any relation to the scandal.

그 정치가는 추문과 관련되어 있다는 점을 부인했다.

1150 □ **statesman** [stéitsmən]
명 정치가
* the States 명 미국, 합중국

1151 □ **deny** [dinái]
동 …을 부정하다
* denial 명 부정, 거절

1152 □ **relation** [riléiʃən]
명 관계, 친척
« in [with] relation to …에 대해
* relate 동 관련하다, …을 관련시키다
* relationship 명 관계, 인간관계

520

She looks cheerful, but it's merely a facade.

그녀는 활기차 보이지만 그것은 겉 모습에 불과하다.

1153 □ **cheerful** [tʃíərfəl]
- 형 활기찬
- * cheer 명 갈채 / 동 기운을 북돋우다

1154 □ **merely** [míərli]
- 부 단순히
- « not merely ~ but (also)··· ~뿐 아니라 ···도
- * mere 형 단순한

521

His interest in the universe disposed him to major in astronomy.

그는 우주에 대한 관심 때문에 천문학을 전공했다.

1155 □ **dispose** [dispóuz]
- 동 ···할 마음이 생기게 하다
- « dispose of ···을 처분하다
- * disposition 명 성격

1156 □ **astronomy** [əstrɑ́nəmi]
- 명 천문학
- * astronomer 명 천문학자
- * astronaut 명 우주비행사

522

You scared me. I almost fainted.

네가 놀라게 해서 난 거의 기절할 뻔 했다.

1157 □ **scare** [skɛər]
- 동 …을 놀라게 하다 무섭게 하다
- 명 무서움

1158 □ **faint** [feint]
- 동 기절하다
- 형 어렴풋한, 약한
- 명 졸도, 기절
- * faintly 부 희미하게

523

The result was the direct opposite of what I had intended.

결과는 내가 의도했던 것과는 정반대였다.

1159 □ **direct** [dirékt]
- 형 전적인, 똑바른
- « the direct opposite 정반대
- 동 …을 지휘하다, 지도하다
- * directly 부 똑바로
- * direction 명 방향, 지휘
- * director 명 지도자

1160 □ **opposite** [ápəzit]
- 명 반대의 것
- 형 맞은편의
- * oppose 동 …에 반대하다
- * opposition 명 반대, 대립

1161 □ **intend** [inténd]
- 동 …을 의도하다, …할 예정이다
- * intention 명 의도, 의지
- * intentional 형 의도적인

524

He consumed a little alcohol to calm his nerves.

그는 신경을 진정시키려고 술을 약간 마셨다.

1162 □ **consume** [kənsúːm]
동 …을 소비하다
* consumption 명 소비
* consumer 명 소비자

1163 □ **nerve** [nəːrv]
명 신경, 신경과민
* nervous 형 신경의
* nervously 부 신경질적으로

525

I suppose that the presence of strangers makes her nervous.

낯선 사람들 앞에서는 그녀가 초조해진다고 나는 생각한다.

1164 □ **suppose** [səpóuz]
동 …라고 생각하다, 가정하다
« be supposed to do …하는 것으로 되어 있다
* supposed 형 가정의
* supposition 명 가정

1165 □ **stranger** [stréindʒər]
명 이방인, 낯선 사람
* strange 형 기묘한

526

I emptied a whole carton of ice cream. I can't resist it.

난 아이스크림 한 상자를 몽땅 비웠다. 난 그걸 참을 수가 없다.

1166 □ **empty** [émpti]
- 동 …을 비우다
- 형 빈, 공허한

1167 □ **resist** [rizíst]
- 동 …을 참다, …에 저항하다
- « cannot resist …을 참을 수 없다
- * resistance 명 저항

527

The coach's practical fighting techniques taught to the boxer led him to triumph.

코치가 가르쳐 준 실제적인 격투기법으로 그 권투선수는 대승리를 거두었다.

1168 □ **practical** [prǽktikəl]
- 형 실제적인
- * practice 명 실행 / 동 …을 실행하다
- * practically 부 사실상, 실질적으로

1169 □ **technique** [tekníːk]
- 명 기술, 기법
- * technical 형 기술의
- * technician 명 기술자

1170 □ **triumph** [tráiəmf]
- 명 대승리
- 동 승리를 거두다
- * triumphant 형 의기양양해하는

528

Location is the chief factor when we buy a house.

집을 살 때 위치가 주된 요소이다.

1171 □ **chief** [tʃiːf]
- 형 최고의, 주요한
- 명 장
- * chiefly 부 주로, 대부분은

1172 □ **factor** [fǽktər]
- 명 요소, 요인

529

Living in the country is not satisfactory unless water supply is adequate.

시골에 사는 것은 급수가 충분하지 않으면 만족스런 일이 못된다.

1173 □ **satisfactory** [sæ̀tisfǽktəri]
- 형 만족스러운
- * satisfy 동 …을 만족시키다
- * satisfied 형 만족한
- * satisfaction 명 만족

1174 □ **unless** [ənlés]
- 접 만약 …하지 않으면

1175 □ **adequate** [ǽdikwit]
- 형 충분한, 적당한
- * adequately 부 충분히
- * adequacy 명 적당함, 타당성

530

He handed a letter of introduction to the staff of the department.

그는 부서의 직원에게 소개장을 건네주었다.

1176 **introduction** [ìntrədʌ́kʃən] 명 소개
* introduce 동 …을 소개하다

1177 **staff** [stæf/stɑːf] 명 직원

1178 **department** [dipɑ́ːrtmənt] 명 부, 부문
« a department store 백화점

531

She persuaded her husband to go on a diet.

그녀는 자기의 남편을 다이어트하도록 설득시켰다.

1179 **persuade** [pərswéid] 동 …을 설득하다
* persuasion 명 설득

1180 **diet** [dáiət] 명 식사요법, 다이어트
« on a diet 식이요법을 하고 있다

532

His philosophy is related to his nationality in some ways.

그의 철학은 어떤 면에서는 그의 국적과 관련이 있다.

1181 **philosophy** [filɑ́səfi] 명 철학, 원리
* philosopher 명 철학자

1182 **relate** [riléit] 동 …을 관계시키다
* relation 명 관계

1183 **nationality** [nӕʃənǽləti] 명 국적
* national 형 국민의, 국가의

533

All the crew united to save the passengers on board.

승무원은 모두 일치단결하여 승선하고 있는 승객들을 구조했다.

1184 □ **crew** [kruː]
명 탑승원, 승무원
* crewman 명 탑승원

1185 □ **unite** [juːnáit]
동 …을 결합시키다
* united 형 결합한

534

Apart from easy access to transportation, there are more advantages to living in a big city.

교통의 편의말고도 대도시에서 생활하는 것의 이점은 많다.

1186 □ **apart** [əpáːrt]
부 떨어져서
« apart from …은 별 문제로 하고

1187 □ **advantage** [ədvǽntidʒ]
명 이점
이익
« take advantage of …을 이용하다

535

When he is lonely, he actually resorts to drink.

그는 외로우면 사실 술에 의지한다.

1188 □ **actually** [ǽktʃuəli]
부 사실은, 실제로
* actual 형 현실의

1189 □ **resort** [rizɔ́ːrt]
동 의지하다
명 행락지, 의지함

536

Our chemistry teacher showed us a delicate experiment.

우리 화학선생님은 우리에게 정교한 실험을 보여주었다.

1190 **chemistry** [kémәstri] 명 화학
* chemist 명 화학자

1191 **delicate** [délәkәt] 형 미묘한, 섬세한
* delicacy 명 섬세함

537

Be careful not to drop cigarette ashes on the floor.

바닥에 담뱃재를 떨어뜨리지 않도록 주의하세요.

1192 **cigarette** [sìgәrét] 명 궐련

1193 **ash** [æʃ] 명 재
* ashtray 명 재떨이

538

Since he earns good wages, he can afford such an expensive car.

그는 충분한 임금을 받기 때문에, 그렇게 비싼 차도 살 여유가 있다.

1194 □ **wage** [weidʒ]
명 임금

1195 □ **afford** [əfɔ́ːrd]
동 …할 여유가 있다
« cannot afford (to do) …할 여유가 없다

"Repeat," "repeat," that is the best medicine for memory.

– Talmud

기억을 증진시키는 가장 좋은 약은 반복하는 것이다.

– 탈무드

539

He pretended to concentrate on his assignment and ignored what she said.

그는 자기의 숙제에 집중하는 척하면서 그녀가 한 말을 무시했다.

1196 □	**concentrate** [kánsəntrèit]	동 전념하다, 집중하다 * concentration 명 집중, 전념
1197 □	**assignment** [əsáinmənt]	명 숙제, 임무 * assign 동 …을 할당하다
1198 □	**ignore** [ignɔ́:r]	동 …을 무시하다 * ignorant 형 무지한

540

The Christians swore on the Bible.

기독교신자들은 성서에 손을 얹고 선서했다.

1199 □	**Christian** [krístʃən]	명 기독교 신자 형 기독교의
1200 □	**swear** [swɛər]	동 맹세하다, 단언하다

541

We were astonished to find that the metal goods would do harm to our health.

우리는 금속 제품이 우리의 건강에 유해할 것이라는 것을 알고서 놀랐다.

1201 □	**astonish** [əstániʃ]	동 놀라게 하다 * astonishment 명 놀람
1202 □	**metal** [métl]	명 금속 * metallic 형 금속의

542

The economic policy which the prime minister adopted astonished us.

수상이 채택한 경제 정책은 우리를 놀라게 했다.

1203 policy [pɑ́ləsi]
- 명 정책, 방침
- * politics 명 정치, 정책
- * political 형 정치의

1204 prime [praim]
- 형 중요한, 일류의
- 명 전성기
- * primary 형 중요한, 초기의
- * primarily 부 주로, 첫째로

1205 adopt [ədɑ́pt]
- 동 …을 채용하다, 채택하다
- * adoption 명 채용, 채택

543

Despite his suspicion that the student cheated on the test, I sincerely doubt it.

그 학생이 시험에서 컨닝했다고 그가 의혹을 품고 있지만, 난 솔직히 그 사실을 의심한다.

1206 despite [dispáit]
- 전 …에도 불구하고

1207 suspicion [səspíʃən]
- 명 의심
- * suspect 동 …을 의심하다
- * suspicious 형 의심스러운

1208 doubt [daut]
- 동 …을 의심하다
- ☞ doubt는 '…이 아니다' 라고 의심하다
  suspect는 '…인 것 같다' 라고 의심하다
- 명 의심
- * doubtful 형 의심을 품고 있는

544

Despite the agony of the pain in his leg muscles, he participated in the athletics.

그는 다리 근육통으로 힘든데도 불구하고 경기에 참가했다.

1209 □ **agony** [ǽgəni]
명 심한 고통

1210 □ **muscle** [mʌ́sl]
명 근육, 근력
« a man of muscle 완력이 있는 사람

1211 □ **athletics** [æθlétiks]
명 운동경기, 체육
* athlete 명 운동선수

545

He finally realized his desire to be a musician.

그는 마침내 음악가가 되겠다는 소망을 이루었다.

1212 □ **realize/-ise** [ríːəlàiz]
동 …을 실현하다, 깨닫다
* real 형 진실의, 현실의

1213 □ **desire** [dizáiər]
명 욕망, 욕구
동 …을 원하다
* desirable 형 바람직한

546

Racial diversity marks the country.

인종의 다양성은 그 국가의 특징이다.

1214 □ **diversity** [daivə́ːrsəti]
명 다양성
* diverse 형 다른

1215 □ **mark** [mɑːrk]
동 …을 특징짓다
명 기호, 징후

547

We don't object to our government giving economic assistance to developing countries.

우리는 정부가 개발도상국에 경제 원조를 하는 것에 반대하지 않는다.

1216 □ **object** [ɑbdʒékt]
- 동 반대하다
- 명 사물, 목적
- * objection 명 반대, 이의

1217 □ **assistance** [əsístəns]
- 명 원조
- * assist 동 …을 원조하다
- * assistant 명 조수

548

Their voices swelled from a murmur to a roar.

그들의 목소리는 속삭이는 소리에서 고함으로 커졌다.

1218 □ **swell** [swel]
- 동 부풀다, 커지다
- 명 부어오름

1219 □ **murmur** [mə́ːrmər]
- 명 중얼거림, 속삭임
- 동 불평을 말하다

1220 □ **roar** [rɔːr]
- 명 으르렁거림, 고함소리
- 동 으르렁거리다, 고함치다

549

The growth of exports over the past five years is amazing.

지난 5년간의 수출 성장은 놀랄 만한 일이다.

1221 □ **growth** [grouθ]
명 성장, 발전
* grown 형 성장한

1222 □ **export** [ikspɔ:rt]
명 수출
동 수출하다
* exportation 명 수출

1223 □ **amazing** [əméiziŋ]
형 놀랄 정도의
* amaze 동 …을 놀라게 하다

550

Solar energy is not altogether impossible to use today.

태양 에너지는 오늘날 사용하기에 전혀 불가능한 것만은 아니다.

1224 □ **solar** [sóulər]
형 태양의 *cf.* lunar 형 달의
« the solar system 태양계

1225 □ **altogether** [ɔ̀:ltəgéðər]
부 전혀 …한 것은 아니다

551

His explanation about the theme was too complex for me.

그 주제에 대한 그의 설명은 나에게는 너무 복잡했다.

1226 □ **theme** [θi:m]
명 테마, 주제
« a theme park 테마 파크

1227 □ **complex** [kámpleks]
형 복합의, 복잡한
* complexity 명 복잡함

552

Even grown-ups are sometimes amused with these toys.

심지어 어른들도 때로는 이 장난감을 가지고 논다.

1228 **grown-up** [gròunʌ́p]
명 어른, 성인
형 성장한

1229 **amuse** [əmjú:z]
동 …을 즐겁게 하다
* amusing 형 재미있는

1230 **toy** [tɔi]
명 장난감

553

A brief encounter was enough to tell me that she would be a good companion while traveling.

나는 그녀와의 짧은 만남만으로도 여행하는 동안 그녀가 좋은 동반자가 될 것이라는 사실을 충분히 알 수 있었다.

1231 **encounter** [inkáuntər]
명 만남
동 우연히 만나다, …에 부딪히다

1232 **companion** [kəmpǽnjən]
명 동료, 동행
* accompany 동 동행하다

554

I always associate the word 'greed' with my uncle.

나는 늘 삼촌을 보면 '탐욕' 이라는 단어가 연상된다.

1233 **associate** [əsóuʃièit]
동 …을 연상하다, 교제하다
명 동료 형 연합한, 동료의

1234 **greed** [gri:d]
명 탐욕, 욕심
* greedy 형 탐욕스러운

555

He dived into the water from a boat floating on the bay.

그는 만에 떠다니는 배에서 물속으로 뛰어들었다.

1235 □ **dive** [daiv]
동 뛰어들다, 잠수하다 명 뛰어듦, 잠수
* diver 명 잠수부

1236 □ **float** [flout]
동 뜨다, 표류하다

1237 □ **bay** [bei]
명 만, 내포

556

They are competing with each other for the position.

그들은 그 지위를 얻으려고 서로 경쟁하고 있다.

1238 □ **compete** [kəmpíːt]
동 경쟁하다
* competition 명 경쟁, 다툼

1239 □ **position** [pəzíʃən]
명 지위, 위치

557

He felt his heart beating rapidly with terror.

그는 공포로 심장이 빠르게 고동치는 것을 느꼈다.

1240 □ **beat** [biːt]
동 고동치다, …을 치다
명 치기, 치는 소리

1241 □ **terror** [térər]
명 공포, 무서움
* terrible 형 무서운

558

The beggar tried to gain their sympathy, but they completely ignored him.

그 거지는 그들의 동정심을 얻으려고 애써 보았지만 그들은 그를 완전히 무시했다.

1242 □ **beggar** [bégər]
명 거지
* beg 동 …을 청하다

1243 □ **sympathy** [símpəθi]
명 동정, 공감
* sympathetic 형 동정적인, 공감하는
* sympathize 동 동정하다, 공감하다

559

I can't possibly comprehend why the company canceled the contract afterward.

나는 그 회사가 나중에 계약을 왜 취소했는지 도무지 이해할 수가 없다.

1244 □ **possibly** [pásəbli]
부 아무리 해도 …(않다)
(긍정문에서) 어떻게든

1245 □ **comprehend** [kàmprihénd]
동 …을 이해하다
* comprehension 명 이해
* comprehensive 형 포괄적인

1246 □ **afterward** [ǽftərwərd]
부 나중에, 그 후

560

Bob's secretary makes a constant complaint about his having a rough tongue.

밥의 비서는 그가 거친 말을 하는 것에 대해 끊임없이 불평한다.

1247 □ **secretary** [sékrətèri]
명 비서
« the Secretary of State 《미》 국무장관

1248 □ **constant** [kánstənt]
형 끊임없는, 일정한
* constantly 부 끊임없이

1249 □ **complaint** [kəmpléint]
명 불평
* complain 동 불평을 말하다

1250 □ **rough** [rʌf]
형 거친, 세련되지 않은
« have a rough tongue 거칠게 말하다
* roughly 부 대강

561

As our conversation proceeded, I felt my hatred for him slowly begin to disappear.

대화가 진행됨에 따라, 나는 그에 대한 증오심이 서서히 사라지는 것을 느꼈다.

1251 □ **conversation** [kànvərséiʃən]
명 회화, 대화

1252 □ **proceed** [prəsíːd]
동 진행하다, 계속하다
* proceeding 명 진행
* procedure 명 수속, 절차

1253 □ **hatred** [héitrid]
명 증오심
* hate 동 증오하다

562

The poor girl was weeping because she had to sleep on the bare floor.

그 불쌍한 소녀는 맨바닥에서 자야 했기 때문에 울고 있었다.

1254 weep [wi:p] 동 울다

1255 bare [bɛər] 형 벌거벗은, 있는 그대로의
* barely 부 간신히, 겨우

563

The beauty specialist told us to bathe in the spring after a mud pack.

미용 전문가는 머드 팩을 한 후에 온천에서 목욕을 하라고 우리에게 말했다.

1256 bathe [beið] 동 목욕하다
* bath 명 목욕
* bathroom 명 욕실

1257 mud [mʌd] 명 진흙, 진창
* muddy 형 진흙투성이의

564

I had no other choice but to obey his order.

난 그의 명령에 복종하는 것 이외에 달리 방도가 없었다.

1258 choice [tʃɔis] 명 선택
* choose 동 …을 선택하다

1259 obey [oubéi] 동 …에 따르다, 복종하다
* obedient 형 순종하는
* obedience 명 복종

565

He made a comparison of these two **concepts** in car **design**.

그는 자동차의 디자인에 있어서 이 두 가지 착상을 비교했다.

1260 □ **concept** [kánsept]
- 명 생각, 개념
- ∗ conceive 동 …을 생각하다
- ∗ conception 명 개념, 착상

1261 □ **design** [dizáin]
- 명 디자인, 계획, 설계
- 동 …을 계획하다, 설계하다

566

I can't **recall** the **details** of last week's meeting.

나는 지난 주 회의의 상세한 부분까지는 생각이 나지 않는다.

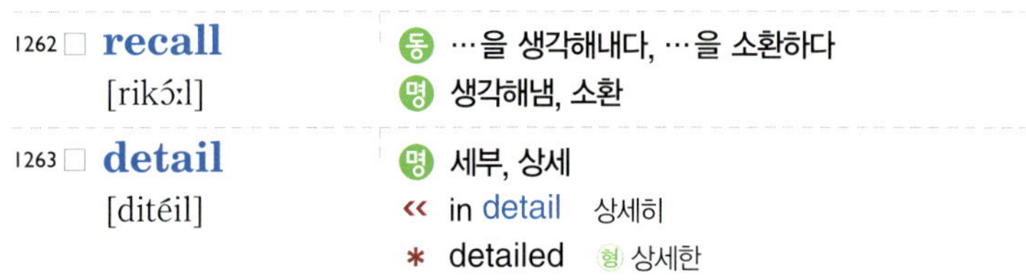

1262 □ **recall** [rikɔ́ːl]
- 동 …을 생각해내다, …을 소환하다
- 명 생각해냄, 소환

1263 □ **detail** [ditéil]
- 명 세부, 상세
- « in detail 상세히
- ∗ detailed 형 상세한

567

His wonderful **background** was just like that of a **royal** prince.

그의 훌륭한 출신 성분은 마치 왕실의 왕자와 같은 것이었다.

1264 □ **background** [bǽkgràund]
- 명 경력, 배경
- « background music 배경 음악

1265 □ **royal** [rɔ̀iəl]
- 형 왕의, 왕실의
- « a royal palace 왕실

568

The organization is composed of two separate groups.

그 조직은 별개의 두 집단으로 구성되어 있다.

1266 □ **compose** [kəmpóuz]
- 동 …을 구성하다, 짓다
- * composition 명 작문, 작곡
- * composer 명 작곡가

1267 □ **separate** [sépərət]
- 형 나누어진, 따로따로의
- 동 [sépərèit] 잘라서 떼어 놓다 나누다, 구별하다
- * separation 명 분리, 이별

569

She is fascinated with the kind of clothing that was in fashion 100 years ago.

그녀는 100년 전에 유행한 의복양식에 매혹되었다.

1268 □ **fascinate** [fǽsənèit]
- 동 …을 매혹하다
- * fascination 명 매혹
- * fascinating 형 매혹적인

1269 □ **clothing** [clóuðiŋ]
- 명 의류
- * clothe 동 …에게 의복을 입히다
- * cloth 명 천
- * clothes 명 의복

1270 □ **fashion** [fǽʃən]
- 명 유행, 유행하는 복장
- * fashionable 형 유행하는, 세련된

570

For instance, compare the words 'flock' and 'herd.'

예를 들면, 'flock'과 'herd'라는 단어를 비교해 보라.

1271 □ **instance** [ínstəns]
- 명 예, 실례
- « for instance 예를 들어

1272 □ **compare** [kəmpέər]
- 동 …을 비교하다
- * comparison 명 비교
- * comparative 형 비교의
- * comparatively 부 상당히, 비교적으로

1273 □ **flock** [flɑk]
- 명 (양·새 등의)무리
- « in flocks 떼를 지어
- 동 모이다

1274 □ **herd** [həːrd]
- 명 (동물의)무리
- *cf.* herd 동물의 무리
- crowd (사람의)무리, 군중

For of all sad words of tongue or pen,
the saddest are these:
"It might have been!"

– John Greenleaf Whittier

말이나 글로 표현할 수 있는 슬픈 말들 중에서도
가장 슬픈 말은 바로 이것이다.
"그럴 수 있었는데!"

– 존 그린리프 위티어

Social Relationships

boyfriend [bɔ́ifrènd] * 남자 친구
girlfriend [gəːrlfrènd] * 여자 친구

husband [hʌ́zbənd] * 남편
wife [waif] * 아내

fiancée [fìːɑːnséi]
* 약혼녀

roommate [rú(:)mèit]
* 동숙인

boss [bɔːs] * 사장
assistant [əsístənt] * 조수

neighbor [néibər] * 이웃

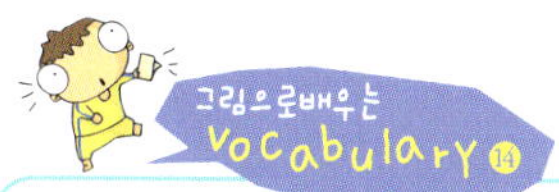

Recreation

play [plei] * 연극

party [pá:rti] * 파티

movie [mú:vi] * 영화

cards
* 카드놀이

basketball game
[bǽskitbɔ̀:l geim] * 농구경기

concert [kánsə(:)rt]
* 연주회

dance [dæns] * 댄스

soccer game
[sákər geim] * 축구경기

571

I couldn't help feeling despair in such a circumstance.

나는 그러한 상황에서 절망을 느끼지 않을 수 없었다.

1275 □ **despair** [dispέər]
- 명 절망, 실망 동 절망하다
- * desperate 형 절망적인
- * desperately 부 절망적으로

1276 □ **circumstance** [sə́:rkəmstəns]
- 명 환경, 사정
- * circumstantial 형 상황의, 사정에 의한

572

The home run which he hit contributed directly to his team's victory.

그가 친 홈런이 자기 팀의 승리에 직접적으로 기여했다.

1277 □ **contribute** [kəntríbju:t]
- 동 공헌하다, …에 기여하다
- * contribution 명 공헌, 기부

1278 □ **victory** [víktəri]
- 명 승리
- * victorious 형 승리한
- * victor 명 승리자

573

Legal obstacles will make it difficult to realize this plan.

법적인 장애 때문에 이 계획을 실현하기가 어려울 것이다.

1279 □ **legal** [lí:gəl]
- 형 법률상의, 합법의
- * legally 부 법률적으로, 합법적으로

1280 □ **obstacle** [ɑ́bstəkl]
- 명 장애(물)

574

Scientific principles are usually established by observing phenomena closely.

과학원칙은 보통 현상을 자세히 관찰함으로써 확립된다.

1281 □ **scientific** [sàiəntífik]
형 과학의, 과학적인
* science 명 과학
* scientist 명 과학자

1282 □ **principle** [prínsəpl]
명 원리, 원칙, 주의
« in principle 원칙적으로

1283 □ **observe** [əbzə́ːrv]
동 …을 관찰하다, 지키다
* observation 명 관찰
* observer 명 관찰자

1284 □ **closely** [klóusli]
부 가까이, 자세히
* close 형 가까운, 친밀한

575

The bomb exploded in the business district and many citizens were killed.

폭탄이 상업지구에 터져서 많은 시민이 사망했다.

1285 □ **explode** [ikspló́ud]
동 폭발하다, 폭발시키다
* explosion 명 폭발

1286 □ **citizen** [sítəzən]
명 시민
* citizenship 명 시민권

576

We are, to some extent, content with the result of the negotiation.

우리는 어느 정도는 협상의 결과에 만족한다.

1287 □ **extent** [ikstént]
명 정도, 넓이, 범위
« to some extent 어느 정도
* extension 명 연장

1288 □ **content** [kəntént]
형 만족하는
명 내용, 목차

1289 □ **negotiation** [nigòuʃiéiʃən]
명 교섭, 절충
* negotiate 동 교섭하다, 협의하다

577

He claimed that the profit which had been obtained was divided equally among them.

그는 손에 넣은 이익을 그들끼리 똑같이 나누었다고 주장했다.

1290 □ **claim** [kleim]
동 …을 요구하다, 주장하다
명 요구, 주장
« lay claim to …에 관한 권리를 주장하다

1291 □ **obtain** [əbtéin]
동 …을 손에 넣다

1292 □ **divide** [diváid]
동 …을 분배하다
* division 명 분할, 분배

578

Imitating those who speak fluently is a good strategy in the process of learning a language.

유창하게 말하는 사람을 따라하는 것은 언어를 배우는 데 좋은 전략이 된다.

1293 □ **imitate** [ímətèit]
동 …을 흉내내다, 모방하다
* imitation 명 모조품

1294 □ **fluently** [flú:əntli]
부 유창하게
* fluent 형 유창한

1295 □ **process** [práses]
명 과정, 경과
* proceed 동 계속하다

579

An expert can distinguish imitation pearls from genuine ones with ease.

전문가는 모조진주와 진품을 쉽게 구분해낼 수 있다.

1296 □ **expert** [ékspə:rt]
명 전문가
형 숙련된

1297 □ **distinguish** [distíŋgwiʃ]
동 …을 구별하다
* distinguished 형 저명한
* distinct 형 명료한

1298 □ **genuine** [ʒénjuin]
형 진짜의
성실한

1299 □ **ease** [i:z]
명 용이
« with (great) ease 쉽게
* easy 형 쉬운
* easily 부 쉽게

580

The species used to flourish but is now extinct.

그 생물은 옛날에는 많이 있었지만 지금은 멸종했다.

1300 □ **flourish** [flə́:riʃ] — 동 번영하다, 잘 자라다

1301 □ **extinct** [ikstíŋkt] — 형 절멸한, 멸종한
* extinguish 동 …을 지우다

581

A series of explosions was caused by a terrorist group.

일련의 폭발사고가 테러집단에 의해 발생했다.

1302 □ **series** [síəri:z] — 명 연속, 일련
« a series of 일련의

1303 □ **explosion** [iksplóuʒən] — 명 폭발
* explode 동 폭발하다

582

It was difficult to explore the polar regions many years ago.

수년 전에는 극지방을 탐험하기가 어려웠다.

1304 □ **explore** [iksplɔ́:r] — 동 …을 탐험하다
* explorer 명 탐험가

1305 □ **polar** [póulər] — 형 남[북]극의
« a polar bear 북극곰
* pole 명 극
« the South Pole 남극

583

There was not a ray of hope in such a desperate situation.

그런 절망적인 상황에서는 한가닥의 희망의 빛도 없었다.

1306 ray [rei]
명 빛, 광선
동 광선을 발사하다

1307 desperate [déspərət]
형 절망적인
* despair 명 절망 동 절망하다

584

John is depressed because his ideas of reality were destroyed.

존은 현실감이 사라져서 의기소침해졌다.

1308 depressed [diprést]
형 의기소침한
* depress 동 …을 낙담시키다
« be depressed 의기소침한

1309 reality [riǽləti]
명 현실(성)
« in reality 실제는, 현실은
* real 형 진실의, 현실의
* really 부 정말로, 실제로는

585

The fog prevented the train from arriving on time.

안개 때문에 열차가 제시간에 도착하지 못했다.

1310 fog [fɑg]
명 안개

1311 prevent [privént]
동 …을 방해하다
* prevention 명 방지, 예방

586

He searched desperately for the missing document.

그는 필사적으로 그 분실된 서류를 찾아 다녔다.

1312 □ **search** [sə:rtʃ]
동 찾다, 수색하다
명 수색, 조사

1313 □ **desperately** [déspərətli]
부 절망적으로, 필사적으로

1314 □ **document** [dákjumənt]
명 서류, 문서
* documentary 형 문서의, 사실을 기록한 명 기록영화

587

The principal feature of this tool is that it is portable.

이 도구의 가장 큰 특징은 휴대할 수 있다는 것이다.

1315 □ **principal** [prínsəpəl]
형 가장 중요한, 주요한
명 교장

1316 □ **feature** [fí:tʃər]
명 특징, 얼굴 생김새
특집기사

1317 □ **tool** [tu:l]
명 도구, 수단

588

The politician was exposed to severe criticism from the public.

정치가는 대중들로부터 심한 비난을 받았다.

1318 □ **expose** [ikspóuz]
동 노출시키다
* exposure 명 노출됨, 폭로

1319 □ **severe** [sivíər]
형 엄격한, 세찬
* severely 부 엄격하게

589

He has many faults; nevertheless, I love him.

그는 결점이 많다. 하지만, 난 그를 사랑한다.

1320 **fault** [fɔːlt]
명 결점, 실수
« find fault with …의 흉을 들추어 내다

1321 **nevertheless** [nèvərðəlés]
부 그럼에도 불구하고, 그렇지만

590

After wandering, the rat came to a place faraway from its nest.

헤매어 다니다가, 그 쥐는 보금자리에서 멀리 떨어진 곳으로 갔다.

1322 **wander** [wάndər]
동 헤매다, 여기저기 돌아다니다

1323 **faraway** [fάːrəwèi]
형 먼
* far 부 멀리, 아득히

1324 **nest** [nest]
명 보금자리
동 둥지를 만들다

591

His house is situated on the edge of a cliff.

그의 집은 절벽 끝에 위치해 있다.

1325 **situated** [sítʃuèitid]
형 …에 위치해 있는
* situation 명 상황, 위치

1326 **edge** [edʒ]
명 가장자리
동 테두리치다

592

One of the ideas of the constitution consists in securing freedom of speech.

헌법의 이념 중의 하나는 언론의 자유를 보장하는 데에 있다.

1327 □ **constitution** [kɑ̀nstətjúːʃən]
명 헌법, 구성
* constitute 동 …을 구성하다, 제정하다
* constitutional 형 헌법의

1328 □ **consist** [kənsíst]
동 이루어지다
…에 존재하다

1329 □ **secure** [sikjúər]
동 …을 보호하다, 확보하다
형 안전한, 견고한
* security 명 안전, 안심

593

Indeed he is a smart fellow, but I don't like him.

확실히 그는 영리한 녀석이지만 나는 그를 좋아하진 않는다.

1330 □ **indeed** [indíːd]
부 확실히, 실제로

1331 □ **fellow** [félou]
명 녀석, 남자, 동료
* fellowship 명 우정

594

Bob was found guilty and sent to prison.

밥은 유죄로 밝혀져서 교도소로 보내졌다.

1332 □ **guilty** [gílti]
형 유죄의
* guilt 명 유죄
cf. crime (법률상의) 범죄, sin (종교상의) 죄

1333 □ **prison** [prízn]
명 형무소
* prisoner 명 옥에 갇힌 사람

595

I rushed upstairs when I heard the baby crying.

난 아기가 우는 소리를 듣고 위층으로 급히 올라갔다.

1334 □ **rush** [rʌʃ]
동 매우 급하게 하다, 돌진하다 명 돌진
« the rush hour 혼잡시간

1335 □ **upstairs** [ʌ̀pstɛ́ərz]
부 2층에

596

He is a descendant of an immigrant from Europe.

그는 유럽에서 온 이민자의 후손이다.

1336 □ **descendant** [diséndənt]
명 자손
* descend 동 …을 내리다
* descent 명 하강(⇔ascent 상승)

1337 □ **immigrant** [ímigrənt]
명 (타국에서 오는)이주자
(⇔emigrant (타국으로 가는)이주자)
* immigrate 동 이주해 오다
(⇔emigrate (타국으로)이주해 가다)

597

It is obvious that health is better than wealth.

건강이 부보다 낫다는 것은 명백하다.

1338 □ **obvious** [ábviəs]
형 명백한
* obviously 부 명백하게

1339 □ **wealth** [welθ]
명 부, 재산, 유복
* wealthy 형 유복한

598

I saw the movie, sitting in the fifth row of the theater.

난 극장의 5번째줄에 앉아서 영화를 보았다.

1340 □ **row** [rou]
명 열, 줄
동 (노로 배를) 젓다

1341 □ **theater** [θíətər]
명 극장

599

The room grew chilly and he lit a stove for warmth.

방이 추워져서 그는 따뜻하게 하려고 난로를 켰다.

1342 □ **chilly** [tʃíli]
형 으스스한, 차가운
* chill 명 차가움, 추위

1343 □ **warmth** [wɔ:rmθ]
명 따뜻함, 온화
* warm 형 따뜻한

600

The two words, 'heal' and 'heel', are the same in their pronunciation.

'heal' 과 'heel' 의 두 단어는 발음이 같다.

1344 □ **heal** [hi:l]
동 고치다, 낫다

1345 □ **heel** [hi:l]
명 뒤축

1346 □ **pronunciation** [prənʌ̀nsiéiʃən]
명 발음
* pronounce 동 …을 발음하다, 선언하다

601

Though young, she has unusual potential as an actress.

비록 젊지만, 그녀는 배우로서는 드문 잠재력을 가지고 있다.

1347 □ **unusual** [ʌnjúːʒuəl]
형 이상한, 드문
* unusually 부 이상하게, 드물 정도로

1348 □ **potential** [pətén∫əl]
명 잠재능력, 가능성
형 가능성있는, 잠재적인

602

There is a mutual distrust between Bob and his senior.

밥과 그의 선배 사이에는 서로 불신감이 있다.

1349 □ **mutual** [mjúːt∫uəl]
형 상호의
* mutuality 명 상호관계

1350 □ **senior** [síːnjər]
명 연장자
형 연상의

603

The government rarely shows a swift reaction to any proposal.

정부는 어떠한 제안에도 좀처럼 신속한 반응을 보이지 않는다.

1351 □ **rarely** [réərli]
부 좀처럼 …하지 않다
* rare 형 드문, 희박한

1352 □ **swift** [swift]
형 신속한, 빠른
* swiftly 부 빨리, 신속하게

1353 □ **reaction** [riǽk∫ən]
명 반응, 반작용
* react 동 반응하다, 반발하다

604

The surgeon assured me that the operation was successful.

외과의사는 그 수술이 성공적이었다고 내게 보장했다.

1354 □ **surgeon** [sə́ːrdʒən]
명 외과의사
* surgery 명 외과, (외과)수술

1355 □ **assure** [əʃúər]
동 …을 보증하다
* assurance 명 확신, 보증

Hair Style

bald [bɔːld] * 대머리의

curly brown [kə́ːrli braun]
* 갈색 곱슬 머리의

long red [lɔːŋ red]
* 긴 빨간 머리의

wavy red [wéivi red]
* 웨이브진 빨간 머리의

Afro [ǽfrou]
* 아프로 머리 모양의
(흑인의 헤어스타일)

short blond [ʃɔːrt blɑnd]
* 짧은 금발 머리의

straight fringe [streit frindʒ]
* 술 모양 직모의

straight black [streit blæk]
* 검정 생머리의

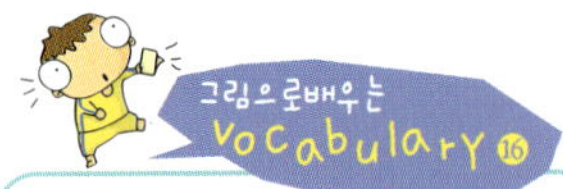

Disease

toothache [túːθèik] * 치통

backache [bǽkèik] * 등의 통증

headache [hédèik] * 두통

stomachache [stʌ́məkèik] * 복통

cough [kɔːf] * 기침

fever [fíːvər] * 열병

cold [kould] * 감기

dizzy [dízi] * 현기증이 나는

At the Post Office

credit card [krédit kaːrd]
* 신용 카드

coin [kɔin] * 주화

ATM * 현금 자동 입출금기

bill [bil] * 지폐

package [pǽkidʒ]
* 소포

mailbox [méilbɑ̀ks]
* 우체통

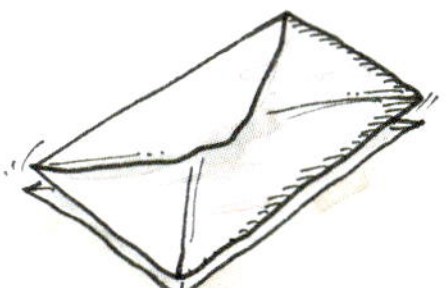

envelope [énvəlòup]
* 봉투

stamp [stæmp] * 우표

605

Solid masses of stone can still be seen where the ancient castle used to stand.

고대의 성곽이 있던 자리에서 여전히 딱딱한 돌덩이들을 찾아볼 수 있다.

1356 □ **solid** [sálid]
- 형 딱딱한, 고체의
- 명 고체
- * solidity 명 딱딱함

1357 □ **mass** [mæs]
- 명 덩어리
- * massive 형 크고 무거운, 막대한

606

She got upset to know that the situation was very tense.

그녀는 상황이 매우 긴박한 것을 알고서 당황했다.

1358 □ **upset** [ʌ̀psét]
- 동 …을 당황케 하다, 전환시키다
- 명 전환, 당황

1359 □ **tense** [tens]
- 형 긴장한, 팽팽한
- 명 (동사의) 시제
- « the present tense 현재시제
- * tension 명 긴장, 긴박

607

Because he was timid, he hesitated to take a risk.

그는 겁이 많기 때문에 모험하는 것을 꺼려했다.

1360 □ **timid** [tímid]
- 형 겁많은, 내성적인
- * timidity 명 소심

1361 □ **risk** [risk]
- 명 위험, 모험
- « at the risk of …을 걸고
- * risky 형 위험한

608

I ate three slices of bread which he had baked.

나는 그가 구운 빵 3조각을 먹었다.

1362 □ **slice** [slais]
- 명 (얇은)한 조각
- « a slice of bread 빵 한 조각

1363 □ **bake** [beik]
- 동 (빵 등을)굽다
- * baker 명 빵 제조인

609

They combined a telephone with a voice recorder and made a new device.

그들은 전화기에 녹음기를 결합해서 새로운 장치를 만들었다.

1364 □ **combine** [kəmbáin]
- 동 결합시키다
- * combination 명 결합

1365 □ **device** [diváis]
- 명 장치, 고안
- * devise 동 …을 고안하다

610

He lost his balance and couldn't swing the bat.

그는 균형을 잃어서 배트를 휘두를 수가 없었다.

1366	**balance** [bǽləns]	명 균형 « lose one's balance 균형을 잃다 동 …의 균형을 잡다
1367	**swing** [swiŋ]	동 흔들다 명 흔들림, 스윙

611

It's not easy to have a good relationship with someone who has a difficult personality as he does.

까다로운 성격의 소유자와 좋은 관계를 유지하는 것은 쉽지 않다.

1368	**relationship** [riléiʃənʃip]	명 관계, 결합 * relation 명 관계, 인간관계
1369	**personality** [pə̀ːrsənǽləti]	명 성격 * person 명 사람

612

Each individual should discipline himself.

각 개인은 자기 자신을 단련해야만 한다.

1370	**individual** [ìndəvídʒuəl]	명 개인 형 개인의, 독특한 * individuality 명 개성
1371	**discipline** [dísəplin]	동 …을 훈련하다, 가르치다 명 훈련, 규율

613

This is a very efficient vehicle in an emergency.

이것은 긴급시에 매우 효율적인 차량이다.

1372 □ **efficient** [ifíʃənt]
- 형 능률적인
- * efficiency 명 능률
- * efficiently 부 능률적으로

1373 □ **vehicle** [víːikl]
- 명 탈것

614

The rocket began its vertical ascent against the earth's gravity.

로켓트는 지구의 인력과 반대로 수직상승을 시작했다.

1374 □ **vertical** [vəːrtikəl]
- 형 수직의(⇔horizontal 수평의)
- 명 수직선

1375 □ **gravity** [grǽvəti]
- 명 인력, 중력
- * grave 형 중대한
- * gravitation 명 인력

615

The characters in myths and legends are imaginary.

신화와 전설에 나오는 인물들은 상상의 것이다.

1376 □ **myth** [miθ]
- 명 신화
- * mythology 명 (집합적으로)신화

1377 □ **legend** [lédʒənd]
- 명 전설
- * legendary 형 전설의

616

The president reluctantly admitted that there was a hidden debt of one billion won.

사장은 10억원의 은닉된 부채가 있다는 것을 마지못해 인정했다.

1378 □ **reluctantly** [rilʌ́ktəntli]
- 부 마지못해
- * reluctant 형 마음내키지 않는
- * reluctance 명 마음내키지 않음

1379 □ **debt** [det]
- 명 빚

1380 □ **billion** [bíljən]
- 명 10억
- 10억의

617

He urged us to study the importance of liberal democracy.

그는 우리에게 자유민주주의의 중요성을 학습하도록 촉구했다.

1381 □ **urge** [əːrdʒ]
- 동 …에게 자꾸만 재촉하다
- 명 (…하고 싶다는)충동

1382 □ **liberal** [líbərəl]
- 형 자유주의의
- * liberty 명 자유

618

Most raw materials are imported through the port on the gulf.

대부분의 원료는 만안에 있는 항구를 통하여 수입된다.

1383 **material** [mətíəriəl]
명 원료, 물질
형 물질적인

1384 **import** [impɔ́ːrt]
동 …을 수입하다(⇔export …을 수출하다)
명 수입

1385 **port** [pɔːrt]
명 항구

1386 **gulf** [gʌlf]
명 만
cf. gulf는 bay보다도 큰 만을 일컬음

619

He always puts an emphasis on quality rather than quantity.

그는 늘 양보다는 질에 중점을 둔다.

1387 **quality** [kwɑ́ləti]
명 질(⇔quantity 양)
형 양질의
* qualify 동 …에게 자격을 주다
* qualification 명 자격

1388 **quantity** [kwɑ́ntəti]
명 양(⇔quality 질)

620

Even such a noble person can sometimes be selfish.

그렇게 고결한 사람조차도 때로는 이기적일 수 있다.

1389 □ **noble** [nóubl]
- 형 고결한
- 명 귀족
- * nobility 명 고귀, (the) 귀족
- * nobleman 명 귀족

1390 □ **selfish** [sélfiʃ]
- 형 이기적인

621

It is standard practice in that baseball league for the athletes not to smoke.

운동선수가 흡연을 하지 않는 것은 그 야구리그에서는 일상적인 관행이다.

1391 □ **standard** [stǽndərd]
- 명 표준
- « the standard of living 생활수준
- 형 표준의

1392 □ **league** [liːg]
- 명 연맹
- « the League of Nations 국제연맹

622

Due to their motion, the chairman's election was put off until next week.

그들의 동의로 의장선거는 다음주로 연기되었다.

1393 □ **due** [djuː]
- 형 …에 기인하는, 지급기일이 된
- « due to …때문에
- 명 응당 치러야 할 것

1394 □ **motion** [móuʃən]
- 명 동의, 움직임
- « motion picture [movie] 영화(작품)

1395 □ **election** [ilékʃən]
- 명 선거
- « a general election 총선거
- * elect 동 선거하다, 뽑다

623

The tide of public opinion is not always influenced by common sense.

여론의 동향은 반드시 상식에 좌우되는 것은 아니다.

1396 □ **tide** [taid]
- 명 동향
- « Time and tide wait(s) for no man. 세월은 사람을 기다리지 않는다.

1397 □ **common** [kámən]
- 형 보통의
- « common sense 상식
- * commonly 부 일반적으로

624

The parents were delighted with the young couple's engagement.

부모들은 젊은 남녀들의 약혼에 기뻐했다.

1398 **delighted** [diláitid]
형 기뻐하는
* delight 동 …을 매우 즐기다

1399 **engagement** [ingéidʒmənt]
명 약혼, 약속
* engage 동 …에 종사하다, 약혼시키다

625

Traffic lights signal when one may go or when one must stop.

교통신호등은 가도 좋을 때나 서야만 할 때에 신호를 보낸다.

1400 **traffic** [trǽfik]
명 교통(량)
« heavy traffic 격심한 교통량

1401 **signal** [sígnəl]
동 신호하다
명 신호

626

He is very intelligent, but his handwriting is so bad that I can hardly make it out.

그는 매우 총명하지만 필체는 형편없어서 내가 거의 이해할 수가 없다.

1402 **intelligent** [intélədʒənt]
형 총명한
* intelligence 명 지능, 지성

1403 **handwriting** [hǽndràitiŋ]
명 필적, 서체

1404 **hardly** [háːrdli]
부 거의 …이 아니다
* hard 형 딱딱한, 어려운

627

My sister often neglects her work. Moreover, she is always interfering in my affairs.

내 누이는 자신의 일을 게을리한다. 더구나 내 일에 항상 간섭하고 있다.

1405 □ **neglect** [niglékt]
동 …을 게을리하다
명 태만, 무시
* negligence 명 태만, 무관심함
* negligent 형 태만한

1406 □ **moreover** [mɔːróuvər]
부 게다가, 더욱이

1407 □ **interfere** [ìntərfíər]
동 간섭하다
방해가 되다
* interference 명 방해, 간섭

628

Our leader explained his vision for the future, which satisfied us all.

우리의 지도자는 미래에 대한 자신의 견해를 설명했다. 그것은 우리 모두를 만족시켰다.

1408 □ **vision** [víʒən]
명 미래상

1409 □ **satisfy** [sǽtisfài]
동 …을 만족시키다
(⇔dissatisfy … 에게 불만을 느끼게 하다)
* satisfied 형 만족한
* satisfactory 형 만족스러운

629

Though always surrounded by a pile of work, he has never complained about it.

산더미 같은 일에 늘 둘러싸여 있으면서도 그는 그것에 대해 결코 불평한 적이 없었다.

1410 □ **surround** [səráund]
동 …을 둘러싸다, 포위하다
* surroundings 명 환경

1411 □ **pile** [pail]
명 더미
« a pile of 산더미 같은
동 …을 쌓아올리다, 산더미처럼 쌓다

630

Her cheeks turned slightly red when she realized her mistake.

그녀는 자기의 실수를 깨달았을 때 볼이 약간 붉어졌다.

1412 □ **cheek** [tʃiːk]
명 볼, 뺨

1413 □ **slightly** [sláitli]
부 약간, 조금

631

The parents were pleased that their son had the first male child of that generation.

부모는 아들이 자기 대에서 첫 남자아이를 낳아서 기뻤다.

1414 □ **pleased** [plí:zd]
- 형 기뻐하는, 만족한
- * please 동 …을 기쁘게 하다
- * pleasant 형 유쾌한
- * pleasure 명 즐거움, 만족

1415 □ **male** [meil]
- 형 남성의, 수컷의(⇔female 여성의, 암컷의)
- 명 남성, 수컷

632

The emperor was under the illusion that he was still highly regarded by the subjects of his empire.

황제는 아직도 자기 제국의 신하들에게 존경받는다는 환상에 사로잡혀 있었다.

1416 □ **illusion** [ilú:ʒən]
- 명 환각, 착각
- * illusory 형 환영의

1417 □ **regard** [rigá:rd]
- 동 …을 존중하다, …로 간주하다
- 명 존경

1418 □ **empire** [émpaiər]
- 명 제국
- * emperor 명 황제

MEMO

MEMO

시험에 꼭 나오는

개정판 15쇄 | 2012년 1월 10일

펴낸이 | 강 남 현

펴낸곳 | 월드컴출판사

등록 | 2000년 1월 17일

주소 | 서울시 구로구 구로동 222-8 (우편번호 152-848)
코오롱 디지탈타워 빌란트 II 1005호

전화 | 02)3273-4300(대표)

팩스 | 02)3273-4303

홈페이지 | www.wcbooks.co.kr

이메일 | wc4300@yahoo.co.kr